ニーチェとその時代

氷上英廣

ニーチェとその時代　目次

目　次

I

ニーチェ論

――われもまたアルカディアに――

『ツァラトゥストラ』の根本問題

すでに物見高い群衆も去り、夜となった広場に、ひとり綱渡師の死骸をまもっていたツァラトゥストラは、やがて独語する。

人間の現存在は怪奇にして、ついにその意味を持ちえない。現存在にとって、一道化役者(註、綱渡師は道化役者によって墜死せしめられた)ですらが、運命となり得る。

われわれは人間にかれの存在の意味を教えようと思う。これすなわち超人である。人間という暗雲から発する電光である。(「ツァラトゥストラの序説」)

ここには『ツァラトゥストラ』の基本問題が、一応簡単な要約を見ているといえよう。人間の現存在が怪奇であって、ついにその意味を持ちえないこと、これがツァラトゥストラの目撃する人間存在の相なのであって、故郷とウルミの湖を去って、かれの「灰を山に運んだ」ツァラトゥストラが山中の孤独に住すること十年の後、ふたたび人間の中へ「没落」し、敢えてかれの「火を谷に運ぼう」とするのは、かかる人間たち、その現存在は怪奇であってなんらの意味も見出しえない人間たちに「存在の意味」たる「超人」を教えようとするにある。

しかしこの現存在の怪奇性と無意味性は、ツァラトゥストラがさきに山を下りつつあるとき、超俗的なキリスト者たる「森の老聖者」に逢い、これと談笑したのち、ひとりとなってみずからの胸にいう言葉、「かかることがありうるであろうか。かの老聖者は、かれの森の中にあって、いまだ神が死んだことを、聴いていないのである！」によって『ツァラトゥストラ』全章の冒頭に提起された「神は死んだ」という決定的措定と、深い関連の裡にある。神が死んだ世界において始めて人間存在の怪奇性と無意味性が明瞭となりきたるからである。

ニーチェは預言的に現世紀ヨーロッパの精神史的性格をニヒリズムの到来として特徴づけた。ニヒリズムとはすべての価値と意味と希望のラジカルな拒否を意味し、ここに人類は目標と方向を見失い、無の濃霧の中を彷徨する。これは「神が死んだ」ことの当然の帰結であるが、現実にキリスト教の権威が失墜しても、しかく簡単に人々がニヒリズムの中にあることを自覚しないのは、彼等が神を信じなくなっても、「神の影」(『悦ばしき知識』五七)を信じているからである。換言すれば、キリスト教の遺産で食っているからである。この点に関してニーチェの分析は鋭く徹底している。

たとえば近代人は宗教を信じなくなっても科学を信じているが、科学が目標とし、それによって科学の強大な発展が惹起されたものは何か。「真理」の信仰である。しかしこの「真理」を誠実に直視するなら、それはついにそれ自身一個の形而上学的信仰以外のなにものでもない。結局、今日の学者認識者たちは、神を無みするものや、形而上学を否定するものまで、みずからの火を、二千年前に燃えあがったかの巨炎、キリスト教の信仰(それはまたプラトンの信仰でもあった)、すなわち「神は真理である」

「真理は神的である」という信仰から得ている。だから真理の探究を標榜する科学は、この点に関して、本当はいま正当証明《レヒトフェルチグング》を要するのだ。しかし過去の哲学者たちを顧ても、このいわば科学の再根拠づけに彼等から助力を仰ぐことができない。それはなぜか、というと、古代ギリシアを別として、従来一切のヨーロッパ哲学にキリスト教理想が君臨していたからである。真理が、有として、神として、最高審として置かれていたからである。真理を問題にすることが全然あり得べからざることだったからである。そこで、神への信仰が否定されるならば、ニーチェの要約的表現による「神が死んだ」のであるならば、いままで置捨てられていた問題が蘇えらなければならぬ。すなわち「真理とは何か」という問である。

「イエス答え給う「われの主たることは汝の言えるごとし。我はこれがために生れ、之がために世に来れり、即ち真理につきて証せん為なり。凡て真理に属する者は我が声をきく」ピラト言う「真理とは何ぞ」」(「ヨハネ伝」十八章)。ニーチェはピラトの問を復活せしめたものということができよう。(「生に対する歴史の利弊」からニーチェの立場を要約して Fiat vita, pereat veritas(真理は滅ぶとも生を成らしめよ)と規定するのは誤解されやすい。ニーチェにおける「生」は自己否定を持った悲劇的な「生」である。単なる生物学的生命の増大を願うならば、畢竟それは『ツァラトゥストラ』の「末人」の世界に属する。かかる生に対しては、ニーチェはむしろ誠実なる意味をもってするキリスト教的アスケーゼの方を選ぶ。「私は生を演じてみせる白く塗られた墓を好まない」と彼はいう。ディオニュソス・ツァグレウスの如く、身を切り刻まれて、しかも復活する悲劇的肯定が彼の「生」である。彼の「生」は常識的な「生」の概念を超える。また彼は実存的真理の故にこそ真理を疑うのである。)

さてニーチェの見るところでは、真理に対する関係だけでもキリスト教理想（ニーチェのいわゆる禁欲主義的理想）と近代科学の原動力がひとつの地盤の上に立っていることは明らかである。されば「神の死」とともに、近代科学もその本質からしてニヒリズムの中に捲きこまれざるを得ない。人間存在の究極的な価値統一者たる神が死んだとき、その真理に支えられる以外、元来目的と価値に無記である科学がいかにして、現存在の空虚を充し得ようか。そうでなくともだいたいコペルニクス以来人間の自己卑小とその卑小への意志が近代科学によって拍車を掛けられてきた。近代科学は、人間の尊厳感に寄与することと至って少く、かつてほとんど神（「神の子」「神人」）に近く信ぜられた人間をして動物や物質にひとしからしめ、人間存在をペシミズムからニヒリズムに推し進めたものである、とニーチェはいう。真理と同様なことが「理性」や「精神」についてもいえる。これらも背後よりする神的規制なくしては、真の自律性がないものとニーチェは見て、これらの一切の信頼を解雇しようという。このような立場にたって、ニーチェは、「自分は従来一切の哲学を違った眼で眺める」というのである。

しかしかくのごとき懐疑と批判を敢えてする今日の誠実な精神、すなわちニーチェ自身のような無神論者・反キリスト者を動かしているものは何であろうか。古き神の真理 Wahrheit に対して、それは人間の真実 Wahrhaftigkeit ではないか。そして真実が真実であるかぎり、それはやはり「真理（真なるもの）への意志」ではなかろうか。然り、とニーチェは答える。一方で「神は真理である。その神が死んだ。故になにものも真理ではない、すべてが許されてある」というラジカルな帰結を引きだすニーチェが、なおかかる問に然りと答えるところに、彼の思想の姿勢の特有さが出ている。この真実、この誠実感、この知的良心の峻厳と潔癖、これまた伝統的なキリスト教道徳が育成したものである、と彼は見る。「すべての偉大なものはそれ自身によって滅びる。自己止揚の作用によって滅びる。かくのごときを、生の法則、生の本質が有する必然的な「自己克服」の法則、は望む。」――すでに近代の宗教改革以来カトリック的ドグマとして滅びたキリスト教は、今度は道徳として、そのみずから生みだした誠実な真実感を孕んだニヒリズムによって滅びる。このニーチェの思想の特有さは、さらに一歩を進めて、キリスト教がその最後の意志の遂行者たるニヒリズムによって取って代られるように、ニヒリズムそのものをも、遂に「自己克服」せしめる。それがすなわち「等しきものの永遠回帰」の世界であり、ニーチェの最後の真理が到達する境地である。

キリスト教というものがなければ、ヨーロッパ的人間の生はこれまで何の意味をも有しなかった。その地上の存在は何の目標も持たず、「人間存在はそも何のためか」という問は、解答を知らなかった。なるほどキリスト教的理想は、(ニーチェによれば)禁欲主義的理想であり、それは人類の生の苦悩を「負目(罪過)」の観点で見た。しかし人間というものは必ずしも苦悩を否定しない。むしろ苦悩を求めるものである、――もしその意味が与えられるならば。苦悩ではなくて、苦悩の無意味こそ人類に与えられた呪咀である。しかるにキリスト教はその意味を与えた。ここに生は「解釈」された。なによりも自殺的なニヒリズムへの扉は閉ざされた。この「負目」をもってする解釈は、――それはもはや懐疑ではない――新しい苦悩、より深い、内面的な、精神的な苦悩、生の内奥に傷を負わせる苦悩をもたらした。しかもそれにも拘らず、人間は救われた。彼は意味を得た。彼はもはや風に舞う木の葉、荒唐と無意味の手玉、ではなかった。人間はいまや意志することができた。意志そのものが救われた。この意志はキリスト教的アスケーゼの理想によって方向づけられていて、その結果「地の意味」に背反し、生の価値を不当に貶下するものであったが、ともかく意志である。それはいわば無への意志であった。が、人間は「何も意志しないよりは、無を意志する lieber das Nichts wollen als nicht wollen」ものだ。

このようなキリスト教道徳が近代精神の真実に堪えずついに破綻したとき、すなわち「神が死んだ」とき、人間存在はふたたび風に舞う木の葉、荒唐と無意味の手玉となる。人間の現存在は怪奇であって、ついに意味を持ち得なくなる。ツァラトゥストラが綱渡師の死骸のかたわらで呟いたのは、この言葉であった。

これまで怪奇と訳したが、原語は unheimlich であり、むしろ不気味である。これは現存在の無規定性を表現し、いわば das Nicht-zuhause-sein、落着くべきところがない、居るべきところがないということである(ハイデガー『存在と時間』四〇節)。

かかる人間存在の相はかつてパスカルが直視したものと同一であるように見える。パスカルはいった。「人間はいかなる位置に自己を置いたらいいのかを知らない。かれは明らかに迷っているのだ。その真の場所から墜落して、それをふたたび見つけることができない。かれはあやめもわかぬ闇黒の裡に、空しくいたるところ探しもとめている」(『パンセ』ブランシュヴィック版、四二七)。しかしパスカルにおいては神は「隠れたる神」でこそあれ、決して死んではいない。そこでかかる人間の「悲惨」から脱却する方向はニーチェと逆になる。パスカルは「預言、――偉大なるパンは死んだ」(六九五)として、プルタルコスが録した古代終焉の叫びを書きとめた。ニーチェはパスカルが信じたキリスト教の神をも死んだとし、かくて開示されたニヒリズムの激成を通じて、却って古代のディオニュソスの神を復活せしめる。しかしニーチェの意図したものが古代とその神々の復活に尽きたのではなく、近代をつきつめた思想家としてのニーチェの問題性がそこに横たわる。運命・自然・摂理というシェリングが歴史の三時期にあたえた概念を借りるなら、ニーチェは神的摂理を払拭するが、近代自然科学の対象としての自然が、ギリシア的運命の復活の中に、――彼の「永遠回帰」の基礎づけのさ中に――持込まれている。

　ギリシアの調和的な世界観と異なって、人間存在に深刻な二元性をもたらしたのはキリスト教であった。肉と霊、此岸と彼岸、人間の自由と神の意志の間に、深い乖離と分裂を生ぜしめ、しかも同時にその宗教的本質よりする結合と融和を開示することによって、人類の生はかつてなき緊張と動的立体性を得たのであった。しかるにニーチェは「神は死んだ」と措定して、この究極の統一者たる神性を抹消し、しかもキリスト教が開いた裂隙を恐れずに誠実に直視する。この絶対者なき世界と人間存在を結ぶべき何ものもいまはない。既存の宗教も科学も道徳も国家も、もはや人間存在をその中で意味づけ支えきるような何ものかではない。

　キリスト教の歴史的登場によって人間は自己を世界の中に新しく見直した。彼はもはやこの地上の世界によって本来的に存在するのではなく、天的永遠的なものにつながることによって、いわばこの世界の中に置かれているにすぎない。かかる関係を通じて現実は必ずしも否定されず、却って一段と深き意味で肯定されたというべきながら、世界と人間の間に、すでに東洋的素朴ならぬ、またギリシア的調和ならぬ何ものかが介入し来ったことも確かである。ルネサンスとともに始まった近代がブルクハルトのいう「人間の発見」に呼応して、世界をまた別の眼で見ることを教えたとはいえ、デカルトの res cogitans と res extensa の離隔は依然として残り、近代哲学は爾来世界(自然)と人間の架橋に努力してきた。ヘーゲルの偉大な綜合が却って激しい分裂と相剋を結果し、その神学的哲学が反転して一連の無神論的思想家たちを呼びいだし、その極限としてアンチクリスト・ニーチェの出現を見、「神は死んだ」とする地平において、嘗てない明白さで裂隙が照らしだされたと見ることができる。

ニーチェの思想はその当初から存在全体への形而上学的な問を持っている。彼が青年時代に深い影響を受けたショーペンハウアーの思想について、その根本性格を語っている言葉は、とりもなおさずニーチェ自身にあてはまる。すなわち生と存在の絵を、一個の全体として眺め、これを纏まった全体として解明しようとするのが、ショーペンハウアーの偉大さをなすものである。彼以外の思想家たちは、その極めて聡明なものも、この絵が描かれているカンバスや絵具の周密な分析に終始して、かくて絵そのものの解明に近づき得るかと妄信している。絵を理解するためには画家を察知しなければならない、ショーペンハウアーはこのことを知っていると(「教育者としてのショーペンハウアー」)。

キリスト教の神が君臨しているかぎり、このような隠れた「画家」の察知探求などは起らない。なぜなら神こそ存在に対する究極の意味賦与者、絶大な「画家」に外ならないから。それは単に描くばかりではなく、およそ人間存在にその価値と当為を与える永遠な者であるから。そこでこうした「画家」への問が真摯に起るためには、やはり「神が死んだ」世界がひとたび開示された上でなければならぬ。ニーチェは『この人を見よ』で回顧的に、彼をショーペンハウアーに導いたものは無神論であった、といっているが、彼の初期からの存在一般とその価値への深い疑惑は、次第に自覚的にキリスト教との対決の形を明瞭にしてゆき、「神は死んだ」という最も要約的な標語に凝集されたのであると見られよう。

ここで「ツァラトゥストラの教説」の冒頭の章が語るところの人間の精神がその叡智への道程で遂げる「三態の変化」を想起しよう。精神はまず駱駝としてあり、伝統的な規制に服従しているが、やがて「われ欲す」(Ich will)の象徴たる獅子に転生して自身沙漠の主となろうとし、「汝当に為すべし」(Du sollst)の巨竜、すなわち既存のヨーロッパ道徳とその宗教的根源、キリスト教の神と戦ってこれを屠る。この巨竜の「汝当に為すべし」は「われ欲す」の自由を許さないから、「われ欲す」の獅子が生きるためには、この殺害は避けることができない。しかし古き当為と価値を覆して、かく自由になったといっても、獅子はむしろ「自由の沙漠」の中にある。獅子は新しい価値を創造することができない。新しい創造のための自由の獲得、これだけが獅子の為し得る限界である。精神は獅子としては依然として彼の世界を持たない。一個の世界を失ったもの(der Weltverlorene)である。

現存在が怪奇であり無意味であることは、神が死んだ世界にあることであり、人間は生成の無罪過の中にあるが、同時にこの無罪過という罪過の中にある。人間の存在は自由であるが、その自由が呪いであり、重荷である。「自由の沙漠」はニヒリズムの世界である。さて、それから先がニーチェの思想が独自となるとともに問題的になる段階であるが、獅子はさらに転生して小児となる。小児となって始めて精神は「彼の意志を意志する。世界を失ったものは彼の世界を獲得する」(傍点ニーチェ)といわれる。

「神が死んだ」世界において、人間は世界に対しまた自己自身に対しニヒリズムを脱却し得ない。小児の象徴はすなわち内在的「超人」の域を示す。人間存在に意味を与えて、これを救済すべくツァラトゥストラが提示するのが、神に代る超越的「超人」であり、「超人」の形而上学的内容をなすものが『ツァラトゥストラ』全章の中心思想たる「永遠回帰の教説」である。この教説こそ「神の死」とそれによって生じた「無」の決定的な克服を意味する筈でなければならない。

しかしこれらの点に立入る前に、「神が死んだ」世界における人間存在を更に考えて見よう。

「人間の現存在は怪奇にして、ついにその意味を持ちえない。現存在にとって、一道化役者ですらが、運命となり得る。」ここの運命の原語は Verhängnis であるが、ニーチェの哲学では、神が死んだことによって、現存在はもはや神の摂理によって導かれることがないから、キリスト教以前のギリシア的概念である運命が Schicksal なり Los なり Verhängnis なり、また包越的な Fatum として顕現してきて重要な概念となる。人間はもはや世界生起や自己の遭遇する事象の中に「神の指」を見ず、偶然を見る。偶然はあるとき一道化役者となって綱渡師を飛越し、これに死の運命をもたらす。しかし人間の死があるとき意味なき偶然であるばかりでなく、偶然が神なき世界では人間存在の根本規定となる。「風に舞う木の葉、荒唐と無意味の手玉」が人間存在のすがたである。しかし人間存在が究極においてかかる偶然や運命の左右するところであると観念することは、意志を主体とする人間には耐え難いであろう。ツァラトゥストラが解決しようとするのは、かかる現存在の偶然や運命を伝統的宗教の意味賦与なくして救済しようとする問題である。一般に偶然とは必然の否定である。そこで偶然が解釈されて必然に転ぜられれば、偶然は消えるけれども、それだけでは人間存在は救済されない。必然はさらに強大な圧力をもって人間意志に臨む。運命は偶然であり必然である。ツァラトゥストラはこの問題を解かなければならない。

『ツァラトゥストラ』を注意深く読むと、偶然というものが、きわめて重要な概念であることに気附く。そこでは偶然は必然・運命・目的・自由・意志などと一聯の関係をなして、人間存在を内外から規定している。

われらはなお歩一歩、かの巨人「偶然」と格闘している。全人類の上にはこれまで荒唐と無意味が支配してきた。(「与うる徳」)

かくツァラトゥストラは巨人「偶然」の克服者として立現れる。しかし一方ツァラトゥストラは教える。

万物の上には偶然の天・負目なき天・偶発の天・奔放の天が懸っている。「偶々」――これこそ世界のもっとも古き貴族の位である。われは万物にこの位を取戻した。われは万物が目的のもとに奴隷としてあるのを救済した。(「日の出前」)

さればここには偶然からの救済と、偶然への救済があるわけである。この二つの偶然は区別して考える必要がある。

第一に神が死んだ世界で、人間は幾多の偶然に出会う。神は死んでいるが故に、それらは摂理のごときものではあり得ぬ。しかし人間の本質は意志である。(かくニーチェが人間の本質を意志と見ることにおいて、彼はかのショーペンハウアーの「意志と表象としての世界」の形而上学を継承するのであるが、ニーチェの「力への意志」はなによりもニヒリズムの克服という意味をもち、ショーペンハウアーのそれとは全く違ったものとなった。意志については後述するところがあろう。）この意志が強く存する限り、人間はなお自己の裡に混沌を蔵し、未来への希望がある。創造と憧憬があり、「舞踏する星」を産みだす可能性がある。ツァラトゥストラの語る「末人」はかかる意志の微弱化した人間存在の相である。このような種族に対しては、ツァラトゥストラはただ悲哀に憮然として、かれらはわれを解しない、われはかかる耳に語るべき口ではない、というのみである。およそ意志ある人間ならば偶然の無意味に甘んじない。これに抵抗し克服しようとする。ツァラトゥストラが教え、身をもって真理を示そうとするのは、かかる意志的主体としての人間に対してである。ツァラトゥストラはいう、

われはツァラトゥストラ、神を無みする者である！　われに等しき人はいずこにいるか。およそみずからにおのれの意志を与え、一切の信従を拒むものは、われに等しき人である。われはツァラトゥストラ、神を無みする者である。われは各々の偶然をわが鍋の中に煮る。而してそのよく煮えたとき、はじめて、われはその偶然をわが食餌としてよろこぶ。まことに、多くの偶然が傲岸にわれのもとに来った。されども一層傲岸にわが意志はこれに対して語った、——ここに偶然は忽ち嘆願して跪いた。（「小ならしむる徳」）

意志はその遭遇する偶然を自己の運命に変えるのである。これに反してかくのごとく意志が強くない場合には、人間存在の方が偶然の傲岸に負けて、分裂し寸断せられ、破片となってしまう。ツァラトゥストラは「救済」の章で、弟子たちに向って語る。「まことにわが友よ、われは人間の間を歩いて、あた

かも人間の断片と千切れた四肢の間を彷徨するごとき感に打たれる。われは戦場から屠殺場におけるごとく、人間が寸断せられて、散乱の状を呈しているのを見、惨として眼を蔽った。またわが眼をして現在より過去に放たしめても、映ずるは等しき光景である。断片と千切れた四肢と残忍なる偶然のみ。——人間とはいえない！」ツァラトゥストラはかかる偶然の救済者である。「断片であり謎であり残忍なる偶然であるものを一つのものに集大成すること、——これわが一切の創作と努力である。人間が創作者・謎の解き手・偶然の救済者でないならば、いかにしてわれ人間たるに堪え得ようか！」

強い意志的性格の持主には人生途上における偶発事が偶発事たるにとどまらない。それはしばしば彼の内的自己が開展する契機となることによって、主体的な運命の中に取入れられる。そのためには偶然に拮抗する内的意志がどこまでも強いものであって、当面する困難や危機を打開するより外に道がないという不可避そのもの、必然そのものの相を帯びなければならない。それは嘗てルターの決意の表白であったような Ich kann nicht anders. というやむを得ない必然の不可避性を持っていなければならない。ニーチェが「困難の転回 Wende der Not がすなわち不可避・必然 Notwendigkeit である意志」というのはかかる意志である。古い律法が覆されたのちになお何らか道徳の根源がありとすれば、かかる意志においてでなければならない。「なんじらが一つの意志を意志するものであり、この一切の「困難の転回」がなんじらにとって不可避(必然)と呼ばれるとき、ここになんじらの道徳の根源は存する。」(「与うる徳」)

「ひとが性格《カラクター》を持っているなら、彼はまた繰返し遭遇する彼の類型的な体験を持つ」のであり、「良質の人間」は「悪しき偶然をみずからの益となるように利用する」(『この人を見よ』)のである。一歩進めていうなら、偶然をおのれの運命と化するのは、偶然を契機として自己自身を開展し、かくしておのれがおのれに出逢うことに外ならない。「君ら自身以外の如何なるものも君らには起らないだろう! 君らが「偶然」と呼んでいるもの、——君らのものに偶然来り(zufallen)、君らの頭上に、落ちてくる(fallen)ものは、君ら自身なのだ」とニーチェは遺稿の中に書いている。

ここに我々はゲーテの「根源のことば・オルフォイス的」においてダイモンと呼ばれたものを思い出す。ダイモンは、人間がその誕生の際の星辰の位相によって決定される必然的運命、とりわけ個性的・性格的なものであって、かく「鋳られた型」が統一体として生々発展するのをいかなる権力も分砕することはできない。しかし人生において、かかる不変な、ただ自分自身からのみ発展する個性も、もちろんその最初の性格的活動を妨げられその嗜好を阻まれるような事態には遭遇する。ここにまず現れるものがテュケすなわち偶然である。ゲーテ自身の説明によれば、個体があれこれの民族なり種族なりあるいは家族なりの出であるからといって、これらのものをテュケ的存在と見ることはできない。地上の諸民族あるいはその小さなわかれは、それぞれすでに個性と見らるべきものであって、テュケはただそれらの混淆や交錯の裡に出現しはたらくのである。たとえばユダヤ民族とか、北アメリカにおけるイギリス人フランス人ドイツ人のごときはむしろ変らざる個性の実例を示している。これに対して混血者の皮膚が綺麗な色艶を示す、というような混淆交錯の生みだす関係にテュケのはたらきがでるのだ、といわれる。教育が公的な国民的なものでない場合テュケの活動する力は大きい。保母や父兄や教師や友人や場所や、要するに一切の環境的な偶然が個体の発展に干渉してくる。しかしこれらの環境的偶然もダイモンを決定的に左右させるという力はない。この本来的な必然的素質、いわば古きアダムであるダイモンは、いくら追払われてもまた舞戻ってきて固有の存在を主張する。こうした必然性をもった個性という意味で、古代では各人にそれぞれのダイモンを附属させたのであって、それは必要な機会に、何を為すべきかを本人の耳に囁くもの——ソクラテスがその声に従って毒杯を仰いだところのものであった。

「根源のことば」はダイモン・テュケにつづいてなおエロス・アナンケ・エルピスが出現するのであるが、我々は後にこれらの運命概念とニーチェの運命を比較して考えて見ることにする。

さて以上は第一の偶然であり、それは主体的意志との関係において捉えられる偶然であり、ツァラトゥストラの意志がわが鍋で煮、わが食餌とする偶然である。これに対して意志をもって容易に処理しがたい偶然がなお残っていることを認めなければならぬ。意志は「困難の転回」であり、「解放者にして歓喜をもたらすもの」であるが、その意志もなかなか力が及ばない偶然がある。すなわち外でもない、人間存在そのものが神の死んだ世界の中に偶然としてあるという当初に述べた事態である。人間がただ強き意志であって、しかもそれが偶然として世界の中に投げられてあるならば、意志は「何も欲しないよりは無を欲する」ニヒリズムに陥ってしまう。神が死んだ世界では、無を信ずることが唯一の誠実である。古き神を無の祭壇に供えることが新しき世代の逆説的な神秘的儀式として立てられる。この無を信ずるのはしかし神の死によって生じた中間状態であって、人間存在はかかる無を突き破って何ものか《エトワス》に到ろうと企投する。獅子は宗教的神性の象徴たる巨竜を屠って自由とはなったが、しかも無の中にある。彼の自由は死への自由にすぎない。獅子はさらに転生して小児となる。小児の象徴はしかし意志が自らを弱めて諦念に住し、かくして世界の中に晏如たる境地を得るというペシミズム的意味ではない。獅子には創造ができない。創造し得るためには小児とならなければならない。小児は「無罪過であり、忘却である。新しい発端である。遊戯である。自ら転がりだす車輪である。第一の運動である。聖なる肯定である」。そして「創造の遊戯には聖なる肯定を必要とする。いまや精神は彼の意志を意志する。かくして世界を失ったものは、彼の世界を獲得する」。実に小児は、神なき世界と偶然化した人間存在を結ぶところの新しい「高次の生の在り方」の象徴としてある。

　このような小児的転生が成就し得たとすれば、このとき現存在の偶然はどうなるのであろうか。それは「聖なる肯定」によって肯定されると考えられる。ちょうど、ルターにおける非自由意志の論が、キリスト教的人間の意志の自由を否定することによって、より高き自由を開示し、これに与らせるように、ニーチェでは現存在の偶然が、これを取巻く世界の必然的運命に小児的転生を通じて帰一することによって、止揚され、新しい必然・運命・偶然・意志の究極の統一即展開に達するのである。これが「ディオニュソス的肯定」であり「運命の愛」の境地であって、これらは静止的一面的な規定でなく、どこまでもこのような高次の生の動的統一を示すものに外ならない。現存在の偶然は、この境地において始めて、存在全体の中でかくあらざるを得ない必然として摑まれることによって救済されるのである。

　このような高次の偶然は、およそ存在するものの根底に横たわる形而上的偶然、シェリングのいわゆる「原始偶然」(Urzufall)の側面を持っていると考えられる。それはハイデガーが訊ねるように、「なぜ有るものがあって、むしろ無ではないのか」という問の基盤でもあり、我々の現存在とともにこれを取りまく現実の世界存在が「ない」ことも可能であるのに「ある」ものとして所有する根源的な偶然性である。このような存在論的な偶然につらなることによって、偶然一般が再び洗い清められて輝くのである。ヘーゲルの定義に従えば、偶然とは一般にその存在の根拠を自己自身のうちにではなく、他のもののうちに持っているものである(『エンチクロペディー』一四五節)。すなわち神以外の一切の現実的なものはすべて偶然的であると考えることができる。その神が死んだとき、現実的なものはすべて偶然として再び洗い清められなければならない。そしてこのような洗い清められた偶然はもはや他に原因を持たないのであるから、自己原因であり、自己偶然である。自己原因は、また絶対的必然性とも呼ばれるものであるが、絶対的必然性は、自己の存在を規定する必然性を自己の外に持たないという意味であるから、それは絶対的偶然性に外ならない(九鬼周造『人間と実存』一八七頁)。ツァラトゥストラはまさにかくのごとき万物の相を見るのである。「われが万物において見出したる疑うべからざる至福は、——万物がむしろ偶然の脚にて舞うをよろこぶことこれである」(「日の出前」)。それは早暁の天さながらの無垢・無罪過・無目的であり、「善悪」や「理性」より清められた純潔そのもののすがたである。「なんじ暁の天は、神聖なる偶然にとっての舞踏場であり、神聖なる骰子および賭博者にとっての神の卓である」と、ツァラトゥストラが「日の出前」の天景を讃える所以である。彼はもはや偶然に傲岸に対することをしない。むしろ「偶然をしてわれに来らしめよ。偶然は小児のごとく無垢である」(「橄欖の山にて」)という。なぜなら彼の魂は「こよなく必然的な魂」であって、しかも「よろこびをもって偶然の中に突入する」(「新旧の板」)ことができるからである。それは絶対的必然性を通じて絶対的偶然性に遊ぶの謂に外ならない。

およそ「純粋な偶然論はキリスト教と関係のないギリシア哲学や東洋の哲学の中に見出される」のであって、「西洋の哲学がキリスト教の影響の下に立っている限りは、純粋な偶然論は出て来ない」(九鬼周造)と考えられる。

ライプニッツは「よりよきものの原理」に従ふ決定論になつてしまつたし、シェリングは自由意志論を主張したにすぎない。ブートルーの偶然論も、キリスト教的の背景をかなり濃厚に有つてゐるものである。自然法則に関する偶然論の裏面には、道徳法則に関する自由論が控へてゐる。そしてその自由とは主として神の自由を指してゐる。自然法則の偶然性は、神の意志としての宇宙の目的的必然性に依存してゐるといふのが、ブートルーの哲学の根本思想である。(上掲書一七七頁、なお同博士著『偶然性の問題』参照)

神を無みするツァラトゥストラの世界において偶然が深い問題となるのは理由あることといわなければならない。ここでは神の自由もなく、道徳法則の自由もない「善悪の彼岸」であるから、偶然もブートルーのそれとは全く違った存在論的様相を呈しているのである。

意志が「困難の転回」であり、「解放者であって歓喜をもたらす者」であるにもかかわらず、このような形而上的偶然にはいかんともする術がないことを、明瞭な自覚にもたらせるのは、意志が時間に面するときである。存在の問題は時間の問題と深く契合している。「いまはさらにこの一事を学べ。――すなわち意志自身すらなお一人の囚人である。意志は自由ならしむ。しかるにこの解放者をもなお鎖に繋ぐものがある」(「救済」)。かかるものは何であろうか。それは時間である。人間の意志は由来未来に面して居り、過去に対しては無力である。偶然を克服して主体的運命に変える強き意志が、みずからの非力を痛感し、みずからの限界を意識するのは、それが時間の問題に直面するときである。

過ぎ去れるものを救済し、一切の「かくありき」を「われかく欲したりき」に創造し変えること、――これをわれは救済と呼ぶ……。「かくありき」、これが意志の切歯するところ、その寂寥を極むる悲哀の名である。意志はすでに行われたものに対しては無力であり、一切の過ぎ去ったものに対しては、憤れる傍観者である。意志は過去に溯っては意志し得ない。意志が時間とその欲望を破ることができないこと、これまさに意志の寂寥極まりなき悲哀である。(同)

このような牢獄の中に囚われた意志は、いかなる反応を示すであろうか。時間が可逆的でないこと、これが意志の「動かすことのできない岩」であって、意志がそこに怨恨と不満を覚えるところである。意志としての人間存在のこの根本的制約から古来のさまざまの存在解釈が生れてきているとニーチェは見るのである。阻まれた意志は抑圧された衝動として、このような怨恨と不満を感じない他の意志(人間)に対して復讐する。これはまったく理不尽な所為であり、意志に潜む痴愚のあらわれに他ならないが、この意志の痴愚が智慧と結合したものこそ過去一切の人類に君臨した神学や哲学であった。それは復讐の智慧であり、ルサンティマンの産物であった。しかもかかるものこそ人類の今日までの最大の思想であった。そして同時に一切の人間性への呪咀であった。かくて人類の苦悩はすべて「罰」の刻印を打たれ、存在と歴史のすべてが原罪とか負目とかいう根本規定のもとに解釈されたのではないか。またかかる虚構を看破して存在の実相を窺ったものも、厭世と諦念によって意志そのものを否定するという逃げ路しか知らなかった。ショーペンハウアー的ペシミズムの到達した解決はそれである。しかしツァラトゥストラの強い意志はそのような「罰」的仮説にまどわされず、またペシミズムにとどまらず、時間そのものに直面して、「かくありき」といううゆるがぬ岩に辟易するところなく、進んで「われかく欲した」といわなければならない。これは意志と時間の和解、いな和解より強い解決である。意志は時間を溯って意志し得なければならない。しかし時間を溯って意志することがどうして可能となるであろうか。それは「救済」の章ではいまだ明瞭にならないものであるが、やがて展開される永遠回帰の時間構造の中に止揚されるものなのである。強き意志は永遠回帰への意志でなければならない。この畏怖すべき永遠回帰を意志し得るならば、過去はこれまでのように直線的進行の形式を脱するのであって、「過去を救済すること。かくして一切の「かくありき」を改造して「われかく欲したりき。われかく欲せん」と意志をして語らしむること」(「新旧の板」)をツァラトゥストラは教えることができる。「かくありき」に対して意志が一指も染めることができないときは「一切の「かくありき」は断片であり、謎であり、戦慄すべき偶然である」(「救済」)。時間の中に制約されている意志が永遠回帰への意志となるならば、「これが人生なりしか。いざ、いま一度」と叫ぶならば、この境地に至ってはじめて、「困難の転回」を果した必然として偶然の中に解放される。
おお、わが魂よ、われはなんじよりすべての服従、膝を屈すること、主よと呼びかけることを取り去った。われはなんじに「困難の転回」と「運命」という名を与えた。おお、わが魂よ、われはなんじに新しき名と五彩の玩具を与えた。われはなんじを「運命」と名づけ「包括の包括」と名づけ「時間の臍緒」と名づけ「さみどりの鐘」と名づけた。(「大いなる憧憬」)

「時間の臍緒」、それは永遠回帰的時間の誕生を意味する。永遠回帰の構造をわれわれは次に考えなければならぬ。

すでに『ツァラトゥストラ』に先立って書かれた『悦ばしき知識』第四部の終りが、永遠回帰の存在像とツァラトゥストラの「悲劇の始まり」(incipit tragoedia)を予告している。そこではデモンがある寂寥限りない時に人間のもとに忍びきたって、このように囁くのである。——お前の現在の人生、これまでもながらえてきた人生を、お前はもう一回、いな無限回にわたって繰返さなければならぬ。新しいことは何も起らず、すべての苦痛と快楽、すべての思想と感傷、およそ人生のこと細大洩れなく、そっくりそのままの順序で、再びめぐりきたるのだ。この蜘蛛も、樹間の月光も、この瞬間も、この予自身も。存在の永遠の砂時計は何遍となく逆転され、それとともに微小の砂粒さながらのお前もまた……。このデモンの言葉をきいて人間は何と答え、どんな態度を示すだろうか。この生と存在の回帰を実在の相として教示されたとき、人間は切歯扼腕の状で、かく語るデモンを罵倒するであろうか。それとも、異常な体験の瞬間を覚えて、お前は神だ。己はこんな神々しいことを聞いたことがない、というであろうか。回帰の思想が人間に臨んだら、人間は一変せしめられ、あるいはおそらく砕かれてしまうであろう。何ごとにつけても、この一事をもう一回いな無限回にわたって汝は望むか、という問が生じ、その問は人間行動の上に巨大な重しとなってのしかかるのだ。あるいはそれとも、この最後的にして永遠的な確認・確定よりほかの何ごとものぞまぬとすれば、そのためにはどんなに人間は自己及び人生と和解しなければならぬことか——。このデモンの呈示する永遠回帰とそれに対する人間の反応にニーチェの実存的姿勢がよくでているように思われる。また「ディオニュソス的肯定」とか「運命の愛」の方式と違って、この永遠回帰がニーチェにあっては当初からあたかも「聖なるもの」のごとく、かのルドルフ・オットーがその宗教体験における「聖なるもの」の要素とした「戦慄的な秘儀」と「魅惑するもの」を兼備えて臨みきたることは、注目すべきところである(『この人を見よ』における永遠回帰の体験の記述その他を参照せよ)。

さてこのデモンの言葉を受けるものが、不治の病患に悩んで存在を疑い、生を嫌厭し呪咀し、しかも倨傲な意志を蔵している人間であると仮定するとき、上述のアフォリズムは一層よく理解されると思う。ニーチェが病患による自己のペシミズムにも永遠回帰をつきつけて自殺的な自己否定を超克しようとしたごとくである。このような体験は、ニーチェのヨーロッパ的ニヒリズム克服の思惟と一筋に綯われているものである。病気であれ、思想的懐疑であれ、絶望に陥っている人間が、自己を取囲んでいる事態に対して、最後の勇気を振い起して、「かくのごときが人生であるか。いざ! いま一度」と叫び、これを積極的に肯定する。そして哄笑する。——この方法というか態度というか、極めて奇異な印象を与えるに相違ないと思うが、ニーチェの問題を解く上に重要な示唆を与える鍵である。これは初期から色々なヴァリエーションで出てくるものであって、永遠回帰への意志がこの勇気であることに至って最高の表現に達するものである。

永遠回帰の思想が始めて明瞭な形姿で呈示されるかの「幻影と謎」の章の城門と路のヴィジョンの前に勇気を讃える一節があるのは偶然でない。そしてまたこの幻影につづく牧人がツァラトゥストラの叫びに励まされて、よにも重く、よにも黒い蛇(ニヒリズムの象徴)を噛みきって、その頭を吐きだし、もはや牧人でなく人間でなく——転身したるもの、光に囲繞せられたるものとして、哄笑し、いかなる人間の笑にもあらざる笑を笑うのは、永遠回帰のニヒリズム超克的側面よりする解釈に外ならない。さらにまた永遠回帰の真理が十全な力をもって出現する「恢癒者」の章の前にツァラトゥストラの「太陽の意志」が語られるのも、偶然でないのである。

第三部冒頭の「さすらい人」の章におけるツァラトゥストラの登攀と下降は最後のアポリアに直面するかれの自己成熟を語る。それは山巓と深淵が一に帰する偉大への道である。その登攀は彼自身を超えて、高く、かれ自らの星をおのれの下にする登攀であるが、また運命と苦悩の海への下降でもある。この漂泊が我々の理性に容易に理解されるならば、永遠回帰の謎はもはや謎ではないであろう。しかし、ツァラトゥストラはこの登攀にあたって、かれの足をしてかれ自らの足跡を消さしめ、そこにただ「不可能」の痕跡をのみ残さしめる。しかしここまで来た以上我々も辟易するところなく、ツァラトゥストラを追って永遠回帰の謎に直面しよう。この登攀の至りつくものが、次の章「幻影と謎」で象徴的に語られるのであるが、この幻影で、山径をゆくツァラトゥストラを鼓舞して、「重圧の霊」の侏儒に打勝たしめるものは「勇気」である。ツァラトゥストラはいう、わがうちには、わが勇気《ムート》と呼ぶものがある。これがいままでわが一切の意気沮喪《ウンムート》を殺害した。げに攻撃する勇気こそ、至上の殺戮者である。なぜなら、あらゆる攻撃の中には鳴り響く音楽があるからだ。人間こそはこよなく勇気ある獣である。勇気はまた深淵に臨んでの眩暈をも殺してしまう。人間はいずこにあってか深淵のほとりに立たないであろうか。見ることそのものが——深淵を見ることではないか(すなわち神無き存在の無を直視すること自体が勇気を要する)。勇気はまた同情をも殺す。同情はもっとも深い深淵である(ニーチェはキリスト教倫理の原理を、ショーペンハウアーに倣って同苦・同情と見た。これはもっとも深い深淵であるが、勇気によってこれを超克する)。勇気は至上の殺戮者である。それは死をすら殺すのである。勇気は敢然としていう、「かくのごときが人生であるか。いざ! いま一度!」と。かかる言葉の中には多くの音楽がある。耳あるものは聞くべし!——明らかにエクスターゼ的ニヒリズムともいうべきものに結びつく勇気をもって、ツァラトゥストラは城門と路の幻影を見るのである。

　城門があって、そこに二つの路が相会している。一つの路は後方へ、すなわち過去の永遠へ通じ、他方の路は前方へ、すなわち未来の永遠へ通じる。城門の名は「瞬間」である。この二つの路の永遠は互いにふたたび相逢わぬのではなく、結びついて円環をなすのである。外ならぬ「時間」の構造であって、ヨーロッパの時間論を顧みるものには、古代的時間概念から発して、近代においても時間の円環はさして珍しい思想ではない（たとえばヘーゲル、ショーペンハウアー）。されば侏儒は平然としていう、「直線をなすものは偽る。一切の真理は曲線である。時間自体も円環である」。ツァラトゥストラが襲われている思想は、しかし未来と過去が現在の瞬間を通じて流れ来り、流れ去り、円環と考えられるというのではない。ただ瞬間的城門を通して抽象的時間が流転し、回帰するというのではない。それは「足萎え」の侏儒の「鉛の思想」、知識的理解であり、「深淵の思想」を知るツァラトゥストラの実存的把握ではない。かれは侏儒を「しかく容易に語るな」と叱咤する。回帰が徹底的であるそのためには瞬間がこの瞬間として、城門そのものが回帰しなければならぬ。主体が時間の円環を眺めるのではなくて、眺める主体そのものが根こそぎ廻転しなければならぬ。いまこの月光も、月光の中の蜘蛛も、城門の中に坐して永遠の事物を語るツァラトゥストラと侏儒そのものも回帰することでなければならぬ。ひいてはツァラトゥストラの永遠回帰の教説そのものが回帰しなければならぬ。

これはどういうことであろうか。これは実に徹底した宿命論、極度のファタリスムスの中に捲きこまれることではないか。われわれの現在の行動・意識・思考の一切が過去において無限回にわたって繰返されており、またそのまま未来に繰返されるのである。「すべては還りきたる。存在の車輪は永遠に廻転する。すべては死に、すべてはふたたび花咲く。存在の円環は永遠に自己に忠実」であって、実にツァラトゥストラ自身が「永遠に、同一の生に回帰する。そしてふたたび一切の事物の永遠回帰を説教する。ふたたび大地と人間の正午について語り、ふたたび人間に超人を告げる」（「恢癒者」）こととなるのである。

もしこれが存在の実相であるならば、先に人間の本質とされた強き意志はどういう関係でこれと結びつくであろうか。勇気は、「いざ、いま一度」と叫び、死をも殺して、意志はここに永遠回帰への意志となった。しかしその意志するはたらきさえもすでに回帰的に規定されているなら、本来的に意志の自由のたつ余地はないのではなかろうか。意志が困難の転回である必然である故に、意志は回帰の必然と合致するのであろうか。もしそうならそこにはもはや自由であり創造であるものはないのであって、すでに意志は意志ではないのではなかろうか。

あるがままの、意味も目標もない、しかし不可避的に回帰しきるところの、無へのフィナーレを持たぬところの現存在――「永遠回帰」、これはニヒリズムの極限的形式である。(無意味)を永遠に！

(『力への意志』五五)

怪奇であり無意味であった現存在はさらに怪奇となり無意味となることによって救済に通ずる路が打開されるのであろうか。ニーチェの取った路はある意味でそれである。時と永遠、生成と存在、必然と自由の矛盾は、この永遠回帰の中に結集され、ここにニヒリズムはその極限的激成を通じて自己超克へ至るのである。

時間がその等しき内容とともに回帰しきたるのであるから、それは完結的であるが、そのような循環が無限回数に亙って繰返されるという意味では無限的である。その結果、一個の偶然としていまここに起ったことも、それが因果論的に過去から決定された必然であるという決定論的解釈以外に、いわばかかる水平面とは垂直な方向に、必然ということができる。自由意志もまた同様な意味で、それ自身自由であって必然と考えられる。またこのような輪が等しく無限に重なり、その意味で何の歴史も何の順位もない故に、時間は可逆的とも考えられる。なによりも永遠という観念がこの回帰的構造によって此岸的に引きとめられてしまうということは、「背後世界」を断ち切ろうとする内在的なニーチェの意図に適うようである。

ニーチェの永遠回帰はいろいろな方向からこれを把握すべく迫ることができる。しかも何らかの意味で矛盾に陥らざるを得ない。たとえば永遠回帰において、つとにジンメルが指摘したように（ジンメル『ショーペンハウアーとニーチェ』）、もしわれわれが回帰のたびごとに、前回における意識が全然今回に持越されることなく、また今回のあらゆる意識が次回に何らかの記憶として残るところもなく、些の影響もないならば、回帰するという現象は私にとって、結局何の意味もないことであり、一回だけの生と同じことである。またニーチェがいうように、「君が為そうとすること一切の際に――自分はこれを無限の回数に亙って為そうと欲するかと訊ねること、これが最大の重点である」として、「永遠の影を我々の生に刻みつける」ことが、倫理的格率のごとく考えられるとしても、それによって現実の生への能動的な緊張が生ずるとも考えられるが、しかしかかる刻々の現在を常に充実して生きる方途は、むしろ永遠回帰とは反対の理念によって遂げられるのではなかろうか。すなわちこの世が厳粛な一回的性質のものであって、負目を持った人間が此岸における各瞬間の緊張を通じて、永遠の国に参ずるか、決定的な滅びに帰するかという立場の宗教的な実存の方が――。またニーチェが『力への意志』の多くの断章で基礎づけようとしているように、永遠回帰のモデルを、宇宙論的な仮設として、物理学的なエネルギーあるいは「力の戯れ」があり得る限りの組合せの後に、当初の状態に復元し回帰すると考えても、それだけではなんら哲学的内容を持ち得ず、主体的な実存と結びつく何ものもない。

しかし永遠回帰が矛盾であるということはわれわれの結論ではない。われわれは永遠回帰の教説を論理的に辻褄をあわせ得なくて見捨てるのではなく、却ってこれを矛盾として、逆説として捉えることが大事であると思うのである。

あたかも円環がその循環の無限という点で動的であるとともに、限定された完璧さという意味で、静的であるように、ニーチェの永遠回帰も二元的である。(仔細に見るなら、ニーチェの意志そのものの中にまで、この一元的な矛盾がはいりこんでいるのであって、「困難の転回」はすでにそのような逆説である。なお拙著『ニーチェの問題』の中の「禍音の使徒」参照。)

『ツァラトゥストラ』全体を貫いてこの永遠回帰の思想が伏線となっているのであるが、それは人間の「救済」と結びついている。第四部において、神を殺害したニヒリスト「極醜の人」も、「かくのごときが人生であったか、いざ、いま一度」によって転身と快癒を得る。神が死んだ世界において出現する永遠回帰がなお救済的性格を持っているところに、ニーチェの問題があると思われる。

ニーチェの意志はキリスト教によって育成されてきた意志である。ことに近代のルネサンスと宗教改革以来、主体的な人間自由の自覚とともに培われきたり、カントに至って自律性を賦与された意志である。しかも魂の救拯と神の国という絶対目的に向っていた激しい意志であって、このあこがれは神が死んでも、なおヨーロッパの人間存在を規定する現実力となっているのである。その意志なるが故に、人間の現存在が、神的秩序からまったく切離されて、単なる断片であり偶然であることに耐えられないのであり、また時間を溯って意欲し得ないということに、焦燥し苦悶するのである。しかもキリスト教にあって、救済は絶対他者たる神より来った。ゲーテの『ファウスト』においてさえも「すべて努力するものは救われる」として、人間の自律的努力がたてられるのではあるが、しかも救済はこれを迎えて天より来るのである。しかるにニーチェにあってはすでにかかる絶対者を払拭し、「背後世界」を却けているのであるから、救済があり得るとすれば自己救済でなければならぬ。しかもニーチェは意志をどこまでも「力への意志」と見て、ショーペンハウアーのように意志の自己否定による解脱的解決を取らない。その意志は宗教的実存者のごとく激しく求める。しかも求めるものなくして求める意志である。キリスト者にあってかかる求める意志が絶対者にむすびつく転機が回心という言葉で呼ばれるなら、ニーチェの『ツァラトゥストラ』における、永遠回帰の真理の出現にはあたかもそのような重みが持たされてあるように見える。それはあたかも宗教者の意志に対する神的恩寵のごとく、ツァラトゥストラの意志は勇気をもって死をさえ殺し、永遠回帰を求めるが、永遠回帰の真理もまたツァラトゥストラに迫るや、これを打倒し、尸のごとく横たわらしむること七日である。「恢癒者」の章は宗教的回心の記録のごとくである。

キリスト教のみが人類にもたらし得た自由の理念は、ニーチェによって一方的な上昇を示した。ドストエフスキーの大審問官は、自由の問題を深く追求している。キリストへの信仰は自由な愛から発しなければならない。大審問官はイエスに対していう、「人間がお前に惚れこんでしまってお前のうしろに自由について来るよう、お前は人間から自由な愛を願った」と。キルケゴールもまたその日記に書いている。「神が自らに対する自由な存在を創造し得たということ、これこそ哲学が背負い得ずして、そこに打ちつけられる十字架である」と。ドストエフスキーでもキルケゴールでもまた一方に神への絶対的服従と信頼を知っているから、このそれ自身としては不安定な意志はニーチェとはまた別個の自由と愛の弁証法を生みだしている。ニーチェは当初から神を消去するから自由は一方的に激しく上昇し、運命や必然のようなキリスト教以前の古代的観念をさえ呼び起す。しかもそれをもって古代では可能であった調和宇宙、コスモスを築くことができないのは、ニーチェの意志がキリスト教によって育成された自由なる意志以外の何ものでもないことを示す。彼が至り得たものは閃光のごとき「霊感」ではあった。それはエクスターゼ的な自由と必然の統一の在り方を示す。詩「聖一月」がうたうように、焔の槍で氷を割られた魂は「慈愛に充ちた必然の中を、自由に音高く流れる」のである。またニーチェは『この人を見よ』の中で『ツァラトゥストラ』の構想に際しての驚くべきインスピレーションを語っているが、そこでは必然と自由なる創造とはもはやわかつべくもない。『ツァラトゥストラ』のヴィジョンは最高度の非自発性をもって起って、しかも「自由感と無制約と力と神聖の嵐の中」にあるように起るのである。

キリスト教への道がキルケゴールのいうごとく信仰の逆説を通じてであるならば、それを裏返しにしたニーチェの救済の道もまた逆説を通じてであるということは、むしろ異とするに足らないのでなかろうか。なぜならキリスト教の本質が、教説《レーレ》にあるのではなくして生《レーベン》にあるごとく、ニーチェの求むるものも永遠回帰の教説を通じて、高次の生に達せんとするのであるから。ツァラトゥストラは反対なるものへ通じ得るということによって、「すべての存在の中の最高の仕方(die höchste Art alles Seienden)」(『この人を見よ』)としてみずからを感ずるのである。彼にとって矛盾は少しも恐れるに足らず、逆説はむしろかかる実存的表現であるにすぎない。それは存在する魂であってしかも生成の中に身を浸し、すでに持てる魂であって、しかも意欲と願望を希求する魂、「悦びをもって偶然の中に身を投ずるもっとも必然の魂」(『新旧の板』)なのである。かかる企図はかのギリシア人にとっての愚なるところの宗教の質容をみずからの裡に収め、単なる理性的斉合を越えて、「この生をかりそめなものと蔑視するすべての宗教より以上のものを含む」(遺稿、十二巻六七頁)とする企図である。永遠回帰の教説にニーチェが賦与した意義は実にそれによって、神が死んだことによって生じた無を決定的に克服しようとしたことにあるのであって、「もし君らが真剣に「彼岸」(キリスト教的彼岸)を免れようと思うなら、私が思うに他の途はない。君らは私の「彼岸」に赴くべく決意しなければならない」(遺稿、十三巻三一八頁)という構想のもとにあるのである。

それは解脱や正覚の境地に達して、老病死苦の現世とそのペシミズムから超脱しようとする東洋的宗教の解決と異なり、ニーチェはキリスト教に発する自由な意志の自覚的相続者として、その意志を絶対者から切離し、これを強化して、力への意志となし、これによって旧来一切の価値の倒換を現成しようとする。その自由は神への服従と結ばれる自由 Servire Deo, vero libertas ではなく、どこまでも主体的に自己超克を重ねる自由、運命や必然をも取り入れつつ、あたかもキリスト教的信仰が彼岸にその魂の究極の錨を置きながら、しかもまさにその故に地上世界に他のいかなる哲学にもまさって能動的意志的文化創造的でありうる如き、現実的統一を遂げようとするのである。すなわち一方「巨大にして無辺際なる然りとアーメンの表白」であって、一方未来の人間を形成すべく乱打される鉄槌の破壊と創造でありうるのである。

「運命の愛」(amor fati)というニーチェの最後の方式も、あたかも「神の愛」(amor dei)が神よりの愛と神への愛として二義的であるごとく、運命よりの愛と、運命への愛の二義的逆説的交錯を含む。運命よりの愛というのはそれ自身逆説であるが、運命への愛ということも、考えればすでに逆説である。ニーチェの運命は後にも述べるごとく恐るべきモイラでもあり、かかるモイラを愛するとはすでに一個の逆説である。

しかしニーチェが逆説を理論的に構成し、あるいは弁証法的形式をもって闡明することなく、『ツァラトゥストラ』の象徴的表現の裡に一切を収めたということは、無限の示唆を含む。元来キリスト教の真理がそのような象徴的表現としてしか開示され得ないものではなかろうか。その生ける真理は、究竟において一切の理論的構成の彼岸にある。それは超理性的であり、超文化的でもある。その意味では一切の神学や護教論の類といえども、それらがわれわれの理性に訴えるかぎりにおいて、自らの限界を知らねばならぬ。ニーチェが無神論的哲学者として、此岸的な立場に執するだけであるなら、彼はかれの理論によって、一切のキリスト教的なものに反抗することを以て終ったであろう。かれが哲学者であるならば、無を開示する存在論をもってせよ、唯物論をもってせよ、宗教の否定なり無視なりを試みて終ったであろう。ニーチェの実存はそのようなものでなかった。かれが新しい生の在り方を開示するのは『ツァラトゥストラ』の象徴的形式以外にはなかったということは示唆深い。

『ツァラトゥストラ』全体にわたってすこぶる福音書を想わせる表現に富むこと、従来の註釈書が詳しく指摘しているとおりである。『ツァラトゥストラ』は福音書のイミテーションでもある。「汝ら翻りて幼児のごとくならずば天国に入るを得じ」とイエスの語れるのに呼応して、ツァラトゥストラの教える人間精神の最後の転生は小児となることであった。イエスは「蛇のごとく慧く、鴿のごとく素直なれ」という。この蛇と鴿に対し、ツァラトゥストラが友とするのは、蛇と鷲である。鷲は人間の矜持と意志と勇気の象徴である。

『ツァラトゥストラ』は単なる文学の書ではない。ニーチェにとってその比喩は、比喩の形式によらざるを得ぬ存在の開示である。またそれは文学の書でないと同様に、倫理の書でもない。「神が死んだ」ことによって、存在からすべての倫理的性格が取去られた(ハイデガーのような存在論が起り得るのは、かかる精神的状況を映している)。いわゆる倫理的《ジットリッヘ》世界秩序《ヴェルトオルドヌンク》なるものはすでになくなった。一切の当為や規範はない。摂理とか、歴史における理性とかもない。それらのものは洗い清められて、存在は曙天のごとく純潔となった。神は真理であったが、その死によって、もはや何ものも真理でなくなった。しかも人間存在が意志としてニーチェによって捉えられるところに、いままで述べきたった問題があった。この意志 Wollen は当為 Sollen の巨竜を屠った獅子であったが、なお沙漠にあって、Müssen との動的統一を通じて、小児に転生しなければならぬ。これが必然・偶然・運命・自由・勇気というようなさまざまな形相で『ツァラトゥストラ』の中に登場し交錯する葛藤をなしたものであるが、それらが遂に永遠回帰という存在・時間のモデルの中に止揚されるのである。

ともあれ、かくのごとくすでに Sollen が払拭されているのであるから、『ツァラトゥストラ』の中心主題である「永遠回帰」また「超人」を倫理的規制として見ようとするジンメル其他の諸家の解釈には無理があるように思われる。それらの解釈では巨竜を屠った獅子が小児に転生してはじめて精神が彼の世界を獲得する最後の変化の意味を摑みきれないように思われる。

たとえばジンメルによれば「永遠回帰の教説」はカント的な倫理的命法「われわれが永遠にかく生きるかのごとくに、すなわち永遠回帰が存するかのごとくに生きよ」という命法に要約される(ジンメル前掲書二五四頁)。ジンメルはニーチェの独特な思想の核心を人間行為の「規制《レグラチーフ》」あるいは「試金石」として見るのである。超人はカント的な意味の無限の「課題《アウフガーベ》」であり、超人の教説はその命法である。極度の道徳的責任への意志がかくして「ニーチェのきわめて奇異なる教説の究竟のモチーフ」とされる。しかしかくのごとくニーチェの最後の思想をニーチェがあれほど明瞭に捨てさったカント的な Sollen に固執して解きされるかどうかが問題である。

エーワルトがその著『根本概念におけるニーチェ』において取った立場なども、ジンメルと軌を一にし、あるいはむしろ徹底している。彼に従えば、超人は「あたかも汝が超人を汝の裡に実現し、かくて超人を生まんと望むかのごとく、行為せよ」という命法として、また永遠回帰は、「あたかも各々の瞬間が永遠の価値を持つかのごとく、そして汝がすべての未来を、この一つの分割すべからざる現在において総括するかのごとく、行為せよ」という命法として意味を有する。超人はむしろ超人への意志であり、永遠回帰の方がその円環の形式によって完成的無限を象徴しているのに対して、超人の方は無終結的無限を象徴している。この両者は外見上矛盾しているようであるが、ともに「理念」であり、その倫理的なイデアリテートと象徴性を共有して居り、どちらも単に「道徳的真理に具体的な形態を与える」ための「直観的便宜策」であるにすぎない。そしておよそ象徴的観念性から現実性に踏みだすとき、ニーチェの教説は破綻を免れない、と考えられる。ニーチェは『ツァラトゥストラ』以後その本質たるべき象徴の域を去って「より以上」を望み、却って深大な意義を喪失した、即ち彼はその「理念」を「存在」に粗雑化した、とエーワルトはいう。

これらの解釈は興味もあり、多くのニーチェ観に類似の把握が見られるものであるが、ニーチェ・ツァラトゥストラが「偶然」にこの世の最も高い貴族の位を与え、「偶然」の天を万物の上に懸けたということ、しかも偶然が必然であり、運命であるということ、「善悪の彼岸」の語の正しく意味するものを、これらの見方は到底承認することはできない。従ってこれを矛盾なり錯誤として感ずる。なぜなら偶然や運命が最後の支配者なら、人間の倫理的努力は結局空虚なことになるから。しかし自然的偶然・必然と倫理的法則の対立という観点をどこまでも保持するなら、ニーチェの思想を固有の意義で捉える希望を抛棄しなければならない。それはツァラトゥストラの「よろこびをもって偶然の中に身を投ずるこよなき必然の魂」の消息を窺うべくあまりに無力である。ツァラトゥストラによっては、万物は永遠の泉によって善悪の彼岸に洗礼される。善悪の如き規準は、ただ「中間に射す翳」であり「湿りある悲哀」であり「行く雲」たるにすぎない(「日の出前」)。ニーチェのラジカリズムはカントの道徳主義に甘んじ得ないのであって、神を抛棄したものこそ、「一層かたく道徳の信仰にしがみつく」(『力への意志』一一八)という洞察の持主であった。このような地点に立止らないところにニーチェの面目があるのであって、彼はキリスト教が単なる道徳的教説を超えた高次のレアリズムであるものを、直接無神論的に打ちかえようとするのである。

ゲーテの「根源のことば」ではダイモンとテュケの次にエロスとアナンケとエルピスがつづく。テュケと呼ばれる偶然の中で、若い人間は自己本来のものを見失い、不安とあこがれに絶えず襲われる。この空虚感の象徴である火を待っているランプに、点火するものがエロス(愛)である。しかし恋愛の中でも偶然はその力を発揮する。人間は自己の意欲に従っているつもりで、実は偶然に支配されている。彼の本性は異質なものに迷わされ欺かれている。このような偽りの自由は補正されなければならない。アナンケ(強制)と呼ばれるものには愛と結婚によって家庭的社会的になる共同体的倫理が表現されている。われわれの Wollen の背後には Sollen が隠されている。《Und aller Wille ist nur ein Wollen, weil wir eben sollten》なのである。ここに制約と法則の世界に人間がふたたび還りゆくこととなる。ニーチェによって最初に追放された Sollen がここに Wollen と結合せしめられるのに注目しなければならない。ゲーテは倫理的リゴリズムの信奉者ではないが、かかる意志(Wille)の前には放恣(Willkür)は沈黙する。

こよなく愛しい想いを胸から逐わなければならないことを知る。それればかりでなく《Dem harten Muss bequemt sich Will' und Grille》すなわちアナンケは Sollen よりすすんで冷酷なる Müssen に変った。そこで人間はやはり本当の自由ではないことを感じ、最初よりも一層狭隘な軛につながれていることを感ずる。この堅固な障壁を苦もなく飛び越えさせるものは希望（エルピス）であり、この希望は人間をして現世的なものを超越せしめ、またかくして現実との宥和を教えるであろう。それはすでに宗教的な永遠の境地である。

ここではダイモンにせよテュケにせよ、その他のものもなんらかの意味で運命的なものであるが、それらのいずれにも、ニーチェの感じたようなモイラとしての運命は全然予感されていない。ニーチェによれば、ギリシアにおけるモイラは神々より強力な運命であり、完全な偶然であり、「宇宙的な愚劣な強国」であって、われわれの「目的と意志の国」の上へ「屋根瓦のごとく落下してきて」これを破壊してしまう。人間といういわば賢い侏儒は意志と目的を持ちながら、愚劣きわまりない巨人偶然によって虐げられ、突飛ばされ、往々にして踏み殺されてしまう。――しかもそれにもかかわらずわれわれはこういう隣人を持つという戦慄すべき詩を失いたくないと思う（この感じ方は、パスカルの考える葦からこのニーチェの侏儒を区別するように思われる）。なぜなら、われわれの人生が目的という蜘蛛の網であまりに退屈になったり、うるさくなったりするとき、かの怪物はやってきて、その手でひと思いに全部の網を引裂いて崇高なといいたいような気分の転換をしてくれるから。――それも彼等がそれを欲したなどということはない。この没理性者が！　彼等はそれに気がつきもしないし、彼等の頑固な骸骨の手が、われわれの網の中をまるで虚空の中を通るように、突抜けてゆくのだ。ギリシア人はこの計算不能なものの国、崇高永遠なる愚劣な国をモイラと呼んで、彼等の神々の周囲の地平線として置いたが、神々はその外へは力も及ばず、見ることもできない(『曙光』一三〇)。

ニーチェの実存の背後にはこういうモイラ的な運命の感得がある。かれは初期の作品『ギリシア悲劇時代の哲学』の中で、ヘラクレイトスの世界像を描いているが、そこでは宇宙はなんら道徳的蛇足なく、永遠に同一にして無罪過なる生成と変転、建設と破壊として、大なる「世界小児」ゼウスの遊戯衝動に帰せられてある。無心の小児は遊びあきると玩具を抛りだす。が、またいつかそれを取りあげる。彼は海辺に砂山を築き、築いては崩す。しかし宇宙が常に混乱であるのではなく、小児でも一度築くとなれば、法則に従い内的秩序に従って形成するわけである。このような宇宙像とその感情は、ニーチェの思惟における偶然の重視やニヒリズム的傾向に通うものである。かかる運命の感得はゲーテでは表面に出てこない。「根源のことば」はオルフォイス的と銘打たれているが、オルフィケルとはすなわちディオニュソス崇拝とその秘儀を伝える教徒たちであり、かれらはすでにピタゴラス派以前に万物回帰の観念を有し、「必然の輪」とか「運命の車輪」などという言葉を残している。ゲーテはこのオルフィケルの根本概念を採りながら、学者の諸説の一致しない点を、自身の流儀で再構成し、彼の人生観世界観をこれに映したのである。最後のエルピス(希望)のごとき、ゲーテの心情が、ニーチェの実存とすこぶる違うことを看取すべきである。ニーチェに従えば、希望は古代的概念ではなくてキリスト教的なものであり、古代人は希望というものを盲目で奸譎なものと感じていた。ヘシオドスはその意味の寓話を作っているが、それははなはだ異様な印象を与えるもので、近代の解釈者が手こずるようなものである。それというのも、キリスト教によってはじめて希望が美徳として信ぜられるようになったからである(『曙光』一二八)。また「根源のことば」がニーチェの孤独な例外者的存在と違って市民社会的存在を映しており、ヒューマニズムを蔵していることはもちろんである。「ゲーテにおける宗教的なもの」はたしかに一個の問題であるが、この詩においても「信仰」が表面に出て来ないように、彼の世界と人間存在を結ぶものが一義的なキリスト教的信仰ではないとしても、しかもこの詩の全体にわたって、愛も希望もあり、当為もあり、畏敬もあって、叡智的な調和を人間存在の中に確保させるものがあることもたしかである。それらはニーチェの「人間と時代のかなた六千フィート」の高山の気の中に生まれた永遠回帰的存在像に比して、率直にいって、何という暖かみのあることであろう。が、それはまた同時にゲーテでは近代的人間性の危機が始まっていないことをも語っている。

ET IN ARCADIA EGO ——ニーチェにおける英雄的・牧歌的風景——

『イタリア紀行』の表題の下には「われもまたアルカディアに！」(Auch ich in Arkadien !)と書かれている。ゲーテはこれをドイツ語で書いているが、この句はラテン語の Et in Arcadia ego に由来している。しかしこのラテン語の元来の句が、時代をさかのぼって、いかなる古典作家が書いたものか、最初に誰の作品の中にあるのかということになると、それは確かめることができない。現在のところ最も古くこの句が見出されるのは、ローマにある一枚の絵画の中である。その絵は、二人の牧童が、破壁の上にのっている髑髏を、愕いて眺めているところで、しかもこの髑髏を鼠(——鼠はすべてを滅ぼす時の象徴といわれる)が嚙っているという図である。この髑髏ののっている壁面に Et in Arcadia ego の句がしるされているのだ。しかしこの Guercino 作と伝えられる絵はそれほど有名ではなかったらしく、(1)一般にこの句が知られるようになったのは、大家ニコラ・プーサン(Nicolas Poussin, 1593–1665)の作品にこれと同工異曲のものがあるためである。プーサン作「アルカディアの牧人」(Les Bergers d'Arcadie)と称するものは二枚あるが、その一枚は前述の絵とは髑髏が棺の中におさまっている点が異なっているだけで、この棺に例の銘句が書かれている。他の一枚はルーヴル美術館にあって、人のよく知る秀作で、これには髑髏は見えず、ただ古代の墓があり、それを囲んで牧童が三人、女性が一人、その墓面に刻まれた例の句を指さし、解読しようとしているところで、人物の配置にきわめて古典的均斉のとれた構図である。この名画は成立当時からすでに多数の版画にうつされ、世上に流布されたものらしい。さて、これらの絵における Et in Arcadia ego は明らかに墓碑銘と見るべきであるが、さらにその意味を考えれば、この ego すなわち「われ」は「人間」ではなく、むしろ「死」であって、平和な幸福境アルカディア(アルカディアそのものについては後述)のさなかに「死」が出現する、と解するのが正しいと思われる。「われもまたアルカディアに」は、この場合むしろ「アルカディアにもまた、われ(死)あり」であって、幸福な理想境、人類の「黄金時代」(2)をあらわすアルカディアにもかかわらず、死は冷厳な事実としてそこに在る、と解すべきである。

これは、あるいはいかにも穿《うが》った寓意的解釈のごとく受けとられるかもしれない。しかし、このような発想は、中世末期から近世初頭にかけてしきりに見られるもので、われわれは memento mori(死を想え)の雰囲気を念頭に置かなければならない。こうした精神的状況についてはたとえばホイジンガの『中世の秋』(3)などにも詳しく取扱われているが、ドイツの画家でいえばホルバインの描いた「死の舞踏」のようなものがことのほか人気を集めたことからも想像されるように、この類のものは当時の人達の愛好する芸術的主題であった。その頃は黒死病、チフス、やがて梅毒、その他の疾病の襲来と蔓延、たえざる戦争の惨禍などのため、社会一般が異常な心理状態に陥り、死とか虚無とか破滅の切迫感といった観念が充満していた。そこにまた、死や墓窖や髑髏に対する不気味な興味、屍体に対する陰惨な愛着が生じ、宗教的な連想から、それが悪魔や、最後の審判の恐怖、地獄の責苦など、しばしば嗜虐的な表現に到達した。グリューネワルトの残酷な画面、あるいはデューラーの「騎士と死と悪魔」にしてもかかる背景を持っていると思われる。[4] Et in Arcadia ego の句も元来はこうした線に沿って上述のように解釈するのが正しいと思われる。

しかし、この句は時代と人心の推移に伴って、さらにいくつかの解釈を成立させるにいたった。まず第一に生じたのは、ego を死でなく、人間のわれと取る考え方である。「われもまたアルカディアに(ありき)。」自分はアルカディアで幸福な生を持っていたが、やはり死の運命を免れなかった、という意味だ。(こうした解釈はすでにプーサンの作に対しても行われた。) これもまた墓碑銘たりうる。しかし時代がさらに進行し、啓蒙主義を通過して十八世紀も後半となると、たとえばシラーの思想詩『諦念』(Resignation. 1784)は、「われもまたアルカディアに生まれたり」(Auch ich war in Arkadien geboren)の句をもってはじまっているが、この場合はもはや墓碑銘ではない。だがシラーの詩を読んでみると、その内容は、やはり死と虚無に直面した人間の問題である。そして最後には享楽を捨て、希望と信仰に生きよという理想主義的解決が提示される。ここまでくると、死との関連はかなり遠のいたといわなければならない。そのうちにやがて死との関連はまったく消え去り、この銘句はたんに、自分には幸福な過去があった。われもまたかつて満ち足りた幸福の境地にひとたび遊んだことがある、という意味(甘美な、あるいは感傷的な回想)となる。ヘルダーの詩『ナポリの回想』(Angedenken an Neapel. 1789)となると、ここに出てくるアルカディアはイタリアであって、もはや死や墓とは何のつながりもない。ゲーテの場合もこれと同様であろう。総じてゲーテの時代は、死への関心が稀薄になった時代であり、memento mori の時代は遠く去って、むしろ memento vivere(生を想え)が、ドイツ・フマニスムスの精神であるといえるだろう。(5) Et in Arcadia ego の意味の変転も、かかる時代精神を反映しているのである。

ところで『イタリア紀行』の初版(一八一六―七)にはこの句があるが、ゲーテみずからの手による最後の全集版(一八二九)では、この副題が除去されているのはなぜだろうか。その理由は明らかでないが、あるいは彼がこの句の曖昧さ、それが墓碑銘だという含みに気付いて、これを面白くないと思ったのかもしれない。もちろんこれは筆者の推測を出でず、なんら根拠のあるものではない。

ところで Et in Arcadia ego の句を離れて、アルカディアそのものについていうなら、この幸福境が『ファウスト』第二部のなかに出現することは、これまた人の知るところだ。ファウストはヘーレナを得て、このアルカディアに住む。そしてオイフォリオンが生まれる。このくだりに先立ってアルカディアの風景を述べた箇所があるが(一五二二六行以下)、それにまた「樹蔭に富んだ森」の場面がつづく。これらはまさしくアルカディアとして、ゲーテが十分の古典的伝統の知識を踏まえて書いたものである。

北につながる高い山々のとげとげした頂きには、
まだ寒々と日の光が落ちているが、
どうやら岩のあたりは緑がかった草の色も見え
山羊が乏しい餌を食っている。

泉から水がわく。集った渓流が流れ下る。
すでに山峡や斜面や牧地が青々としている。
断続する平地の幾多の岡の上には、
羊の群がいっぱいにひろがって進むのが見える。

三々五々、用心ぶかい、ゆったりした足どりで、
角のある牛が断崖のほうへあるく。
断崖の岩にはたくさんの洞窟があって
家畜たちの恰好な隠れ場となる。(6)

こうしたものがまさしくアルカディアの風景、その自然の設定ともいうべきものなのだ。背景に突兀とした山なみの厳しさがあり、それと対照的な優しさをもった緑の牧地が、唐突のようで、しかもきわめて自然に、その前面に展開する。渓流あり、洞窟あり、羊や山羊や牛の群、牧人たちが点綴される。そして「樹蔭に富んだ森」がこれに加わるといった風景である。これは十七世紀初頭のローマ在住のカラッチ(Caracci)、ドメニキーノ(Domenichino)その他の画家からはじまり、プーサンやクロード・ロレン(Claud Lorrain, 1600–1682)がそれを発展させたいわゆる「理想的風景」(Ideallandschaft)と呼ばれるもの、あるいは「英雄的・牧歌的風景」(heroisch-idyllische Landschaft)と呼ばれるものにほかならない。

それにはもちろんさまざまな趣向の変化があり、たとえば湖や海、廃墟、月光などが配され、神話的人物が加わるなどのことがある。こうした風景画は現代から見ればすでに美術史上の過去のものにすぎないともいえるが、しかし今でもなおヨーロッパ人の自然を見る眼に、依然として作用しているように思われる。スイス、イタリア、さらにはギリシアあたりにはこの類の風景が実在することもたしかであり、筆者がかつてドイツ人の一団とギリシアを旅行したときには、かれらが事毎に Heroische Landschaft! と声をあげて嘆賞するのを聞き、こうした概念がかれらになおふかく滲透しているのを感じた。これは伝統的な文学的教養とも関連がある問題である。(7)

さて、アルカディアそのものについて述べなければならない。(8)

ギリシアの地図をひらいて見るなら、ペロポネソス半島の中央部にアルカディアの地名を見出すことができる。四方を高い山脈に囲まれた高原地帯であり、内部にも多くの小山脈があってまた多くの小地方にわかれている。かくべつ有名な遺跡に富んでいるということもない。オリンピアは西方イリスにあり、コリントやアルゴスは東に、スパルタは南にあって、アルカディアの内部にはそれらに匹敵するほど有名なところはひとつもない。筆者はその一部分をバスで走っただけであるが、風土的にもあまり取り柄のあるところとは思われぬ。古代においても状況はほとんど変らないようである。この実在のアルカディアは、いままで述べてきたアルカディアとは直結しない、——という意味は、つまりアルカディアという概念で伝統的にあらわされている文学的内容、すなわちそれが幸福な理想境であり、人類の黄金時代的ヴィジョンの舞台として牧歌的生活が存在するところという内容は、この実在するアルカディアからは、必然的には、生まれてこないからである。[9]

それではこの文学的アルカディアを案出したものは誰かといえば、それはローマの詩人ヴェルギリウス(70–19 v. Chr.)なのだ。かれが西暦紀元前四〇年前後に、『牧歌』(Eclogae)――なかんずくその最後におかれた第十歌によって――アルカディアを創造したといっていい。牧人の男女が登場し、恋愛の歌、対唱、戯れもあるし悲歎もある牧歌的世界、さらにアポロや牧神パンも姿を見せる舞台として、ヴェルギリウスは、自分が訪れたこともないアルカディアを選んだのであった。

『ファウスト』の引用をさらにつづけてみよう。

牧神パンがかれらを守護する。水飲み場の
濡れてさわやかな谷の茂みには、
水の精が棲んでいる。密生した樹木が
枝をはり、高い空にあこがれて伸び上がる。

ここは太古の森だ。かしの木は力づよく立って、
強情らしい枝と枝とを交えている。
かえでの木は甘い汁をふくみ、やさしく、
すらりと伸びて、梢の葉をゆるがす。

静かな木かげには、なま温かい乳がわいて
子どもや仔羊の飲むにまかしている。
近くには平地の熟した果物もある。
うつろになった木の幹から蜂蜜がしたたる。

この国では生活の満足が、子々孫々に
伝えられる。人々の頬と口とが明るくほほえむ。
老いも若きも、さながら神々のように、
心みち足りて健《すこ》やかに暮らしている。

こうして清らかな一日一日に育ち、かわいい
子どもがたのもしい父親になっていく。
われわれは驚きの目をみはってたずねる。
かれらは人間なのか、神々なのかと。

だから、アポロは牧童のすがたをしていたし、

もっともうつくしい牧童はアポロに似ていた。
自然が清らかな自然のままでさえあれば、
あらゆる世界がたがいに交わりあうのだ。

これはまさしく神話と歴史的人類が交錯する「黄金時代」であり、乳と蜜の流れる自然の中の幸福境であるが、これがヴェルギリウスの『牧歌』(そして『農耕歌』)から由来するのである。元来ヴェルギリウスは、牧人が登場する詩という形式を、ギリシアの詩人テオクリトスに範を取ったのであって、模倣といえば模倣であり、ある部分はたしかに翻訳ですらある。しかしこうしたことはラテンの詩人の場合、ギリシア文化の伝統的な重みを考えれば非難するにあたらず、むしろその場合に発揮されたヴェルギリウスの新鮮な詩魂を高く買わなければならない。『牧歌』はその後の西洋文学に大きな影響を及ぼすにいたった(10)。

このヴェルギリウスの範となったテオクリトスは、ヘレニズム時代の詩人で、およそ紀元前三世紀前半の人であるが、シチリア島のシラクサに生まれ、そのため、かれの詩にはシチリアの牧人が登場した。しかし、ヴェルギリウスの時代になると、このシチリアはすでにローマの属領《プロヴィンツ》と化し、そこの牧人はローマの大地主の下僕という身分となり、そのようなきわめて現実的な存在として当時の文学に登場していた。このような事態は、ヴェルギリウスがその『牧歌』を書くとき、シチリアがすでに不適当と思われ(シチリア的なものも『牧歌』には残存しているが)、新たにアルカディアの地を舞台とした理由であった。

アルカディアの出身者にギリシアの歴史家ポリュビオスがある。ポリュビオスはその愛する郷土を叙するにあたって、かくべつ特筆大書するほどのものもなく、ただその地の牧人は幼少から歌を能くし、しばしば歌の競争が行われること、葦の笛を発明した牧神パンのふるさとでもあること、などしか記すことができなかったが、ヴェルギリウスの空想をかきたてるにはポリュビオスのこれだけの記事で十分であった。要するにヴェルギリウスには非現実的な遠方(ヴェルギリウスは一度もアルカディアに行ったことがなかった)が、夢と理想の国として必要であったのだ。またヴェルギリウスは、当時の内乱による政治的混乱の収拾を、ひそかに皇帝アウグストゥスに期待するところがあり、平和へのあこがれを理想境アルカディアに託するところがあった。だいたいこの『牧歌』は、寓喩《アレゴリー》が多くてその解釈にも諸説を生ずる部分があるが、テオクリトスの場合とは異って、内容はなかなかしゃれたもので、牧人もすこぶる都雅であり、ヴェルギリウスはその口を藉りて自己の見解を語りもしている。第四歌には平和と幸福の究極の招来者として、まもなく救世主的幼児が誕生することの予言があり、これなどは、後になってキリスト教徒からヴェルギリウスが尊重される端となった。「乳と蜜が流れる」のは聖書的表現であるが、オイフォリオンの誕生もなんらかのそうしたイメージが関連しているかもしれない。それらのことはともかく、要するに、現実にはそれほどの必然性もないのに、ヴェルギリウスがこれを『牧歌』の中にとりいれたために、アルカディアはその文学的内容をえたのである。

前提部が長くなった感があり、しかもなお意をつくさない憾みがあるが、この小論の主題はニーチェにおける Et in Arcadia ego にあるから、このあたりでニーチェの方に移ることにする。

ニーチェの『人間的、あまりに人間的』の第二部の後半は「漂泊者とその影」と題され、三百五十のアフォリズムを収めているが、その中の一つに《Et in Arcadia ego》と題された一篇がある。

《Et in Arcadia ego》――私は丘々の波をこえ、樅や老いて厳めしい唐檜《とうひ》の群を通して、一つの乳緑色の湖水の方を見おろしていた。周りにはあらゆる種類の岩の塊りがあり、地はいろいろの花や草によって彩られていた。畜群が私の前を動き、延び、ひろがっていった。牝牛がちらほらと、また群をなして遠く、夕日の光をくっきりと浴びて、針葉樹林のそばにいた。また別の群がもっと近く、これは朦朧としていた。一切が安らかに夕方の飽満にひたっていた。時計は五時半頃を指していた。一頭の牡牛は群をはなれて真白く泡立つ小川に足を踏みいれ、水にさからい、あるいは従いながら、その奔流を辿っていった。こうして牡牛はおそらく強烈な快感を味わっているのであろう。ベルガモ人らしいふたつの暗褐色の人影は牧者であった。少女のみなりもほとんど少年と変わらぬ。左手には幅広い森林帯の上に岩山と雪原、右手には私の頭上高く、日靄のヴェールの中に漂いながら、二つの巨大な氷結した岩角、――一切のものが偉大で、静かで、明るい。総体の美が戦慄をそそり、美の黙示される瞬間の黙々とした崇拝をそそる。恰もこれより自然なことはないかのように、知らずしらず、人はこの澄みきった鋭い光の世界(憧れる、満たされぬ、待ち受ける、前後を顧みる、といったことは何一つ知らなかった世界)の中へギリシアの英雄たちを思い描いたプーサンとその弟子のように物を感じないわけには行かなかったのである。英雄的に、同時に牧歌的に。――このようにしてひとりひとりの人間もまた生きて来、このように自分を持続的に世界の中に感じ、また世界を自分の中に感じて来たのだ。そして彼等の中には、最大の人間の一人、英雄的・牧歌的な哲学のし方の発明者、エピクロスがいたのである。(11)

この美しい散文詩は、空想の風景ではない。これはスイスのオーバー・エンガディーン、サン・モリッツ付近の実際の風景の描写なのである。これをニーチェが書いたのは一八七九年の夏と推定される。当時かれはこの付近に滞在していた。その年の五月二日に、かれはバーゼル大学に退職願を出し、古典文献学教授の地位を辞したのであった。病気が重くて講義をつづけることが困難になったからだ。このときからニーチェの後半生がはじまる。ワーグナーとの友情も絶え、いわゆる「孤独なるニーチェ」の時代である。以来十年、イタリアのトリノの町における発狂にいたるまで、ニーチェは孤独な漂泊者であり、病苦にうちひしがれつつ、アルプスの山中やイタリアの諸都市を転々として暮らす一所不住の旅びとであった。六月の終りにおとずれたこのオーバー・エンガディーン一帯の清澄で幽絶な風光はたちまちかれの心をとらえたらしい。妹にあてて書いた手紙には「さながら自分が約束の地にあるかのような気がする」とある。また彼は書く、「われわれの精神は、自分と生き写し《ドッペルゲンゲル》(分身)といってもいいような自然を見出すことがあるものだ。こうした風物の中でこそ自分は生きるに耐える。長いことこうしたものを探していたが、今度はついに発見したような気がする……。これからも何遍となくここへ来るだろう」。またバーゼルの同僚であったオーヴァベックに宛てて書いたものには「この前の葉書以来だいたい床についたきりだった……。ところがいまやエンガディーンにめぐりあえたので、私はまさに自分の元素《エレメント》の中にいる思いだ。まったく不思議だ。私はここの自然と血縁つづきなのだ」。このような自然に対するニーチェの親近感は、きわめて注目すべきものである。「漂泊者とその影」は、その行間にアルプスの高山の大気が流れているような著作だが、その中には、さらに次のような文章もある。さきの手紙の中の生き写しという言葉が繰返されている。

自然の生き写し《ドッペルゲンゲライ》。——多くの自然の風景の中に、われわれは自分自身を再発見して、快くも慄然とする。これは最も美しい分身《ドッペルゲンゲル》の現象だ。——こうした感覚をまさしくここで抱きうる人はなんと幸福だろう。この絶えまなく日光の沁みわたる十月の空気の中で、この朝早くから夕方まで悪戯っぽく幸福げに戯れる風のそよぎの中で、この澄みきった明るさと程よい冷気の中で、永遠に融けざる雪の凄烈のかたわらに平然として横たわったこの高原の優しくも厳粛な丘陵・湖水・森林の全体的性格の中で、——イタリアとフィンランドが一体となり、自然の持つあらゆる銀の色調の故郷ともいうべきここで、そうした感覚を抱きうる人はなんと幸福だろう。——「たしかに自然の中には、もっと偉大で、もっと美しいものがあるに相違ない。だがこの風景こそ私には切実で、親近で、血縁つづきなものだと、感じる。いやそれ以上のものだと」こういいうる人は、なんと幸福だろう。[12]

自然に対するきわめて切実な結びつきを、われわれはここに見る。人間関係に見られないほど切実で、強力な結びつきである。自己の分身、生き写しだというひたむきに自然と密着した感情、これはニーチェの思索の秘密を解く一つの鍵であり、かれの思想の核心に迫るものだ。つまり、これがニーチェのアルカディアなのだ。このアルカディアはヴェルギリウスが遠方に設定し、夢見た文学的アルカディアとは全く性質を異にし、ニーチェがその中で生き、呼吸し、眼のあたりにして共感し、昂揚を覚えるアルカディアである。かの『ファウスト』におけるアルカディアにしても、ゲーテの偉大なファンタジーの綜合力を語るものにすぎず、また『イタリア紀行』には幾多の美しい風景(たとえばシチリア島)への讃歎が惜しまれていないが、これらもまたゲーテの全存在を吸収しつくすアルカディアではなかった。ニーチェのような、主体が自己を発見する実存的なアルカディアではない。この関係はニーチェの思想全体と結びつけてとらえなければならない。

ニーチェにおける風景の意識とその意味については、あまり深く踏みこんで論じているひとがないように思うが、さすがにヤスパースはその『ニーチェ』で、きわめて簡潔だが、的確な指摘をしている。[13] ヤスパースは、風景はニーチェの思惟の背景であり、この背景をひとたび窺い見るならば、ひとは圧倒される思いがするといい、またここにはニーチェの魅力への最も容易な通路があり、あらゆる理解の前提をなすところの気分がのみこめるという。また、自然の中で、ニーチェは「存在の言葉」(die Sprache des Seins)を聞くという。自然に対する満足のときに、ニーチェの深い幸福の息づきが聞こえるのであるが、それではこうした自然と一体になるという幸福は、いかにしてそういうことが起こったかといえば、ニーチェの場合、人間との交わり《コムニカチオーン》が失われたために、その代替物ではなかろうかとヤスパースは示唆している。

このように見るとき、ニーチェにおける風景との異常なまでの親近性、共鳴、その昂揚感というものは、人間的な交わりの欠如、すなわち孤独、の前提のもとにある。そうした孤独、敢えていうなら一種のニヒリズムがかもしだす昂揚感であり、その反映ともいえるであろう。ニーチェのアルカディアはそうした孤独によって支えられた風景であり、さらに敢えていえばニヒリズムに陥った魂の奥底に展開する風景だともいえるであろう。これは後述するドストエフスキーにおけるスタヴローギンの場合と思いあわせることができる。

一八七九年にはニーチェはサン・モリッツ(当時は村)に滞在したが、翌々年にはさらに山奥にはいって、ジルス・マリーアに宿を見出した。それ以後、毎夏このジルス・マリーアを訪れて、発狂まで七回に及ぶ。かれがこの付近の風物に愛着を持っていたことは非常なもので、手紙や著作の中にさまざまな表現を残している(14)(『ツァラトゥストラ』における永遠回帰の思想もこの付近で霊感を得たのである)。それらのことを詳細に述べることは、ここでは控えて、ふたたび前掲の Et in Arcadia ego の一文にもどって考えたい。

この一文は前述のようにオーバー・エンガディーンの風景であって、同時にニーチェのアルカディアである。『ファウスト』のアルカディアと同じように、その主要な道具立てがそろっている。雪を帯びた山、牛や羊の群、森林、牧地、牧人、渓流、明るく、光のみちた世界、そして「英雄的・牧歌的」という表現もはっきりそこに書かれている。さてそこで気にかかるのは「プーサンとその弟子」という言葉が見えることだ。この弟子(sein Schüler)は単数であるから、誰か特定の人間をさすものと考えられ、私はこれをクロード・ロレンを意味するものと取りたい。クロード・ロレンが、ローマにおいて、プーサンの影響を受けたことはたしかであるから、弟子と呼んでもいいであろう。そのような解釈を裏づけるものとして、ニーチェがこの「漂泊者とその影」を書いていた時期からの遺稿の中につぎの一文が見出される。(15)

一昨日の夕方、私はクロード・ロレン的な恍惚たる感激にひたり、ついには長いことひどく泣いてしまった。わが身にもこうしたことが、まだ体験できたのだ、地上に、かかる風景が存在するとは、われながら知らなかった。いままでは優れた画家たちがこしらえたものだと考えてきたのだ。英雄的・牧歌的なもの(das Heroisch-Idyllische)を、いまや、私は発見した。そして古人のあらゆる牧歌的なもの(das Bukolische)が、いまや、一挙にして私の前でそのヴェールを取り、啓示されたのだ、——これまでの私は何一つ理解していなかったのだ。

この遺稿の一節は、さきの Et in Arcadia ego の一文との関連において読まれるべきであろう。クロード・ロレンはゲーテも非常に高く評価した画家であって、『イタリア紀行』の中にも、またエッカーマンとの対話においてもしばしば讃歎の言葉が見られる。ゲーテがクロード・ロレンの絵に理解を深めたのはもちろんイタリアにおいてであって、とりわけ南国における風景の微妙なニュアンスの把捉はクロード・ロレンによって本質的に規定されているかのごとくである。ローマではメディチ家の別荘で、——「新月がちょうど過ぎたばかりで、ほっそりした三日月のわきに、肉眼でもほのかに見える暗い月の全面が望遠鏡ではっきりと眺められた。地上には、クロードの油絵や素描からでしか知ることのできない昼の靄《もや》が棚曳いている。これほど美しい自然現象はよそでは容易に見られない[16]」と感じ、また「美しく晴れた午後」パレルモの港にはいった時には「海辺一面に漂っていた靄の清朗さは、とうてい言葉をもって表わすことができない。輪郭の清純、全体を包む柔和、色調相互の分離、空と海と大地との調和。これを見たものは一生涯忘れることができない。今や始めて、私はクロード・ロレンの絵を理解することができるのだ[17]」といった調子である。しかしおそらくさらに重要な言葉は、エッカーマンにクロード・ロレンの風景画集を見せたときに語った言葉であろう。ゲーテはクロード・ロレンを「完璧な人間」(ein vollkommener Mensch)と呼び「かれは美しく考え、感じた」といっている。「この人の気持の中には、外の世界では何処にも見られないような一つの世界がひそんでいた。どの絵もこのうえなく真にせまっているが、そのくせ現実の姿はどこにもみられない。クロード・ロレンは現実の世界を微に入り細にわたってそらんじていたから、自分の美しい魂の世界を表現するためにそれを手段として用いたのだ。こういう風に、現実の手段を利用して、描かれている真実なものがまるで現実でもあるかのような錯覚を起させるところに、ほんとうの観念性《イデアリテート》というものがあるのだ[18]」

ニーチェもまたその若い時代からクロード・ロレンを完璧な画家と考えていた[19]。これはあるいはゲーテあたりの評価の影響が及んでいるのかもしれない。ヤーコプ・ブルクハルトもまたクロード・ロレンを非常に重んじていたから[20]、あるいはブルクハルトがニーチェに決定的な影響を与えたのかもしれない。

クロード・ロレンは、一六〇〇年フランスに生れたが、ローマに赴いて、活動し、其地で歿した。十七世紀の代表的な風景画家である。当時は、現実主義的な傾向のすぐれた風景画家がオランダあたりに輩出していたが、クロード・ロレンはこれらとは別の途を進み、プーサンとともにいわゆる「理想的風景」を描いた。さきのゲーテの言葉からも窺えるように、光の効果をたくみに捉えて、明暗の微妙な段階を、前景から背景へと、深い奥行において仔細に追及し、これによって独特な理想的雰囲気を表現した。かれの作品はルーヴルをはじめ、各地の美術館などに多数存在するが、ニーチェが作品中のどれとどれとを実際に見ているかはたしかめることができない(ドレスデン美術館あたりは最も有力に思われるが――)。いずれにせよ、クロード・ロレンが自己の精神的風景であるという開眼は、さきに引用した遺稿の文章の示すように、オーバー・エンガディーンにおいてであったと考えられる。

さらに、ニーチェはその晩年に近づくにつれて、自然的風物に対して、いよいよクロード・ロレンと結びついた陶酔と感激を強める。かれの自伝『この人を見よ』は、発狂直前に書かれたものである。当時ニーチェはジルス・マリーアにおいて『アンチクリスト』を書きだし「巨大な使命」をはたすために「一字一句を青銅の板に刻みつけた」と書いたあとで、「その序言は、一八八八年九月三日にできた。朝それを書いたあとで、外に出ると、そこにはオーバー・エンガディーンが、かつて私に見せてくれた最も美しい日があった。――透明で、そのもろもろの色彩は燃えるよう。氷と南方のあいだのあらゆる対比、あらゆる中間を包含していた」(21)と書く。前に引用したイタリアとフィンランドが一体になったというのと同じ表現だが、まさにクロード・ロレン的な把握である。かれは九月二十日にジルス・マリーアを出発し、途中コモ湖付近では洪水にあっていのちがけの思いをしたりして、二十一日の午後イタリアのトリノについた。このトリノの町はニーチェの好きな町であって、彼はその年の春に借りていたのと同じ住居にはいった。そして「……すぐに仕事にかかった。『アンチクリスト』の終りの四分の一を完成すればよかった。九月三十日大勝利。第七日。ポー河沿いの神の逍遙」。第七日というのは神の天地創造を終えた休息の日である。これらの表現にはすでに多幸症《オイフォリー》の徴候があるのを否みがたい。

その日のうちになお『偶像のたそがれ』の序言を書いたが、その校正刷を見るのが、九月における私の休息だった。——私はこれほどの秋を体験したことがなかった。およそこんなことが地上で可能だとは思ってもみなかった。——クロード・ロレンが無限につづいているような、毎日毎日が同じように途方もない完璧といったような——。

同じトリノの町からペーター・ガストに宛てて書いた手紙(十月三十日付)には、「ここでは毎日毎日が同じように途方もない完璧と日光の豊かさをもってやってくる。燃えるような黄色のすばらしい樹々。薄青色の空と大河、きわめて浄らかな空気、——私がこの目で見るとは夢にも思わなかったクロード・ロレンだ」(22)とある。彼の精神的崩壊を前にした恍惚たる自己満足の感情が、クロード・ロレンの風景と溶けあって眼前にある。遠く夢想された風景ではなく、現実の風景がそのままクロード・ロレンとなり、外的風景が同時に内的風景となる。数旬後には、このトリノの町でニーチェは発狂する。クロード・ロレンはニーチェの最後の精神的風景なのだ。

ところで、前に一言したように、ドストエフスキーにクロード・ロレンが出現することを述べておこう。

『悪霊』の中の「スタヴローギンの告白」の章である。スタヴローギンは少女マトリョーシャを凌辱し、少女が首をくくるのを部屋の外で待って、自分の推測の正しさをたしかめた、――というような虚無主義的行為を告白し、さらにその後外国へ行き、アトスの山やエジプトやその他ヨーロッパ各地を旅行したことを語る。かれはドイツを通過中、汽車の乗り換えの時間をつぶすために、ある田舎町の旅館で食事をし、しばらくうたたねをする。

そのとき余は実に思いがけない夢を見た。こんな夢はかつて見たことがなかった。ドレスデンの美術館《ガレリー》に、クロード・ロレンの画が陳列されている。カタログには「アキスとガラテーア」となっているが、余はいつも「黄金時代」と呼んでいた。自分でもなぜか知らない。余は前にもこの画を見たことがあるけれど、その時も三日前に、また通りすがりに気をつけて見た。というより、この画を見るために、わざわざ美術館へ出かけて行ったのである。ドレスデンへ寄ったのも、ひっきょうそのためかもしれない。で、この画を夢に見たのだが、しかし画としてではなく、さながら現実の出来事のように現われたのである。

それはギリシア多島海の一角で、愛撫するような青い波、大小の島々、岩、花咲き満ちた岸辺、魔法のパノラマに似た遠方《おちかた》、呼び招くような落日、――とうてい言葉で現わすことはできない。ここで欧州の人類は、自分の揺籃を記憶に刻みつけたのである。ここで神話の最初の情景が演じられ、ここに地上の楽園が存在していたのである。……ここには美しい人々が住んでいた。彼らは幸福な、けがれのない心持で、眠りから目ざめていた。森は彼らの楽しい歌声にみたされ、新鮮な力の余剰は、単純なよろこびと愛に向けられていた。太陽は自分の美しい子供たちを喜ばしげに眺めながら、島々や海に光を浴びせかけていた！　これは人類のすばらしい夢であり、偉大な迷いである！　黄金時代、――これこそかつてこの地上に存在した空想の中で、最も荒唐無稽なものであるけれど、全人類はそのために生涯、全精力を捧げつくし、そのためにすべてを犠牲にした。そのために予言者も十字架の上で死んだり、殺されたりした。あらゆる民族は、これがなければ生きることを望まないばかりか、死んでゆくことさえできないくらいである。余はこういうような感じを、すっかりこの夢の中で体験した。余は本当のところ、なんの夢を見たのか知らないけれど、眠りがさめて、文字通りに泣きぬれた目をあけた時、余は岩も、海も、落日の斜めな光線も、まざまざと目《ま》のあたりに見るような心地がした。かつて知らぬ幸福感が痛いほど心臓にしみ込んで来る。(23)

救済と光明と美と愛への大きなあこがれがこの黄金時代の夢の中にほとばしる。はじめてこのつめたいスタヴローギンが「泣きぬれる」のである。(24)

しかしつぎの瞬間には「まざまざと小さな赤い蜘蛛が眼前に現われ」、痩せて熱病やみの目つきをしたマトリョーシャの幻が、スタヴローギンを現実にひきもどす。束の間とはいえ、このニヒリストの魂の奥底に蕩揺するイメージが、クロード・ロレンの金色の風景だということは、ニーチェのクロード・ロレンの陶酔――「恍惚たる感激にひたり、長いことひどく泣いた」(――上述のオーヴァベック宛の手紙)と思いあわせて、近代の黙示録的予言者たちの苦悩の断面と組成を考えさせるものがある。

しかし、ニーチェの場合、そのアルカディアの風景は、ゲーテの『ファウスト』の場合やドストエフスキーの場合と異なり、これらにはいずれも黄金時代における人間の共同体が慕われ、その幸福が夢みられるのに対して、どこまでも個人的で、それを眺める孤独な存在が風景に吸収され、それによって生動し、昂揚するということに終わることは注目すべきであろう。すなわち「自己を世界の中に感じ、世界を自己の中に感じる」こと、この哲人的な視界がニーチェのアルカディア的幸福である。ニーチェはこれを英雄的・牧歌的な哲学の仕方と名づけ、エピクロスの名をもって呼んだのであった。ニーチェはエピクロスを「おそらく何びととも違った風に感得すること」を誇りとしていた。エピクロスは「古代の午後の幸福」を味わいえた唯一の哲人であった。ニーチェは『華やぐ知恵』の中に書いている。

> 私は見る、エピクロスの視線が陽を浴びた岸辺の岩を越えて、広大な白く光った大海を見わたすのを。そのとき大小の生きとし生けるものは、その陽光の中で、さながらその陽光か、あるいはかれの視線そのもののように、安らかに、静かに、戯れている。そのような幸福はただ、不断に苦悩する者のみが創造しうるのだ。その前では生存の海が静まりかえる眼、いまや生存の表面、この多彩な、繊細な、震え戦く海の皮膚をいくら見てももはや見飽きることのない眼——そのような眼の幸福。これより以前には、かくのごとくつつましい快楽はなかった。[25]

Et in Arcadia ego の銘句はここではもはや墓碑銘ではなく、またゲーテのような讃歎、もしくは甘美な回想でもなく、第三の新しい意味内容に到達したのである。

（1） Büchmann, Geflügelte Worte では Schidone(gest. 1615)のこれと類似の絵をあげている。Festausgabe の

ゲーテ全集『イタリア紀行』の注もそれによっているが、ここではハンブルク版の注によった。それは Erwin Panofsky の解釈を採っているものである。(Vgl. Goethes Werke, Hamburger Ausgabe. Bd. XI, S. 575ff.)

(2)「ヘーシオドス(『仕事と日々』)によると、クロノスが天にあって治めた時世はいわゆる黄金時代であって、その頃の人間は心にわずらいを知らず、労苦も悲しみもなく、あらゆる災から遠く離れ、楽しい饗宴に日々を送ったとある。そして安楽と平和のうちに神々に愛せられ、あらゆる物資はおのずから地に溢れ播くことも刈ることも要らずに、老いも知らず、ただ齢が満ちたときは自然と眠り入ったまま死んでいった。——これがクロノスの世、ローマ詩人のいわゆるサートゥルヌスの治世 Saturnia regna(ヴェルギリウス『農耕歌』)であるが、これは伝説というよりも遙かに詩人の非現実的な幻想の産物といっていい。」(呉茂一、『ギリシア神話』)

(3) J. Huizinga, Herbst des Mittelalters ことにその第十一章(Das Bild des Todes)参照。

(4) 以上の記述は不十分であるが、この点に関して The American Historical Review, January 1958 所収 W. L. Langer, The Next Assignment(『アメリカーナ』第四巻第九号に邦訳)が参考になる。文献も多数挙げられている。

(5) Vgl. H. Weinstock, Die Tragödie des Humanismus.

(6) 大山定一訳(人文書院版ゲーテ全集、第一一巻)。

(7) 文学的な「理想的風景」に関しては、E. R. Curtius, Europäische Literatur u. lateinisches Mittelalter の第十章(Die Ideallandschaft)参照。「英雄的風景」という概念《heroische Landschaft》あるいは「英雄的・牧歌的」《heroisch-idyllisch》という対立概念は現在でもしきりに使われている。たとえば《War es in den viel besuchten Capri, Sorrent……eine heroische Landschaft, die mich bezauberte, so war es Pforzheim eine idyllische.》(E. R. Rothacker, Heitere Erinnerungen. 1963)また Fr. Gundolf が次のように書くとき、あきらかにこの対立概念をふまえている。《Die Weltart, die er(Napoleon)in sich trug u. für ein Jahrzehnt realisierte,

widersprach der Weltart, der er begegnete: er kommt als politischer Heros in eine idyllische Zivilisation, während Alexander u. Caesar als Heroen in eine heroisch politische Ebene treten.》(Dichter u. Helden) そのグンドルフは詩人ゲオルゲの故郷ビンゲンを「英雄的風景」と呼んでいたそうである。E. R. Cultius, Kritische Essays zur europäischen Literatur(1950)の中(S. 170)に《Bingen, wo sich Rhein und Nahe gatten, war mir von Gundolf mit Recht als „heroische Landschaft“ gerühmt worden. George liebte es, sie zu wandern.》とある。また W. Emrich, Die Symbolik des Faust II(1957)の第五章第五節は《Krieg u. Arkadien u. das Verhältnis des Heroisch-Dämonischen zum Idyllischen bei Goethe》と題されている。

(8) アルカディアについての最もすぐれた考察はブルーノ・スネルのものである。以下の叙述もそれに依拠するところが多い。Bruno Snell, Die Entdeckung des Geistes(1955).——その中に、Arkadien. Die Entdeckung einer geistigen Landschaft の1章がある。

(9) Kirsten-Kraiker, Griechenlandkunde にも曰く、《Oberhalb von Tropäa bleibt rechts der Strasse die bedeutsame Frankenburg von Akowa bei Galatas. Ihre Umgebung wie das Bergland um den Ladon und die anderen Alfioszuflüsse ist das eigentliche Arkadien, das seinen Ruhm nicht den landschaftlichen Reizen, sondern der Vorstellung vom idyllischen Hirtenleben fern der grossen Welt in Theokrits u. Virgils „Bukolik“ und der klassischen deutschen Dichtung verdankt.》(S. 473)

(10) ローマの皇帝時代からゲーテの時代にいたるまで、すべてのラテン的教養は、『牧歌』の第1詩を読むことによってはじめられた(Vgl. Curtius, a. a. O., S. 197)。なお書きおとしたが、『ファウスト』の「樹蔭に富んだ森」について、同じくクルティウスの同書二〇一頁《Der Hain》の節を参照。「場面が一変して」この影の多い森となるのは、オヴィディウスによるのかもしれない。

(11) Bd. III, S. 354. (Nietzsches Werke, Gesamtausgabe in Großoktav)阿部六郎訳による。

(12) Bd. III, S. 368.

(13) K. Jaspers, Nietzsche. S. 326ff.

(14)「英雄的風景」に関していうなら、Meta von Salis-Marschlins, Philosoph u. Edelmensch. Ein Beitrag zur Charakteristik Friedrich Nietzsches.(1897)はジルス・マリーアにおけるニーチェを回想したものであるが、その中に次の1文がある。《An einen in Sils erhaltenen Besuch erinnerte sich N. mit besonderer Freude. Es war der des frühgestorbenen Heinrich von Stein, im Sommer 1884. In angeregtem Gespräch waren die beiden Männer während drei Tagen in der Gegend umhergewandert, die durch ihre ernste Schönheit die Gedanken weiht. Nietzsche führte mich an die Stelle, wo die Strasse nach Fex über die Kirche oben in das eigentlich so genannte Tal einbiegt und der Blick vorwärts auf den schimmernden Gletscher, rückwärts auf die kahle, dunkle Gebirgsmauer fällt. Hier hatte Stein ergriffen ausgerufen: „Das ist heroisch!“》(S. 44)

(15) Bd. XI, S. 153. もしクロード・ロレン以外に「弟子」を求めるなら、恐らくプーサンの親類であって弟子であったGaspero Poussinということになろう。Vgl. J. Burckhardt, Cicerone. (Alfred Kröner Verlag) S. 997.

(16) 一七八七年二月十九日(相良守峯訳、岩波文庫)。

(17) 同年四月三日。

(18) 伊藤武雄訳(人文書院版ゲーテ全集、第十一巻)。

(19) Bd. III, S. 91, 97など参照。なおニーチェにおけるクロード・ロレンについてはE. Bertram, Nietzscheの中にClaude Lorrainと題する一章がある。しかしドストエフスキーへの言及はない。

(20) ブルクハルトには《An Claude Lorrain》という美しいソネットがある。《Vielleicht hast du viel verloren/Bis du entrinnend vor des Schicksals Bränden, /Dein Bündnis schlossest an des Waldes Enden/Mit den Dryaden und den süßen Horen/Drum will ein tiefes Sehnen uns beschleichen/Nach Glück und Ruh, wann du den Blick geleitest/Vorbei den hohen immergrünen Eichen./Zu schattgen Hainen dann die Landschaft weitest/Paläste und Tempel baust, und jenen weichen/Nachmittagsduft auf ferne Meere breitest.》この詩の気分とニーチェのエピクロス理解とは一脈相通ずるものがあると思う。また前掲《Cicerone》の中では、ロレン

について《Vorzugsweise tröstlich wirkt》の語が見える。E. Salin, Nietzsche und Burckhardt (Rowohlt, 1959) にはブルクハルトがニーチェに「クロード・ロレンを見、かつ愛することを教えた」という句がある(S. 151)。なお本文では触れなかったが、シラーの《Über Matthisons Gedichte》の中にクロード・ロレンへの言及があることをここに付記しておく。ゲーテ、シラーからブルクハルトにいたるまで、クロード・ロレンに対するほとんど固定した評価があり、ニーチェ、ドストエフスキーに及ぶことを認めることができる。この伝統的評価が薄れることは、その後に時代の審美的精神が大きく変化したことを意味するであろう。

(21) Bd. XV, S. 107.

(22) Nietzsches Werke (herausg. v. K. Schlechta), Bd. III, S. 1327.

(23) 米川正夫訳(岩波文庫)。

(24) Vgl. Romano Guardini, Religiöse Gestalten in Dostojewskijs Werk. S. 317. なおこれと同じ夢が『未成年』に出てくるし、『おかしな男の夢』の場合も類似のものである。なお筆者はこの「アキスとガラテーア」の絵を訪ねることができなかったのを残念に思っていたが、菊盛英夫氏が訪欧の旅中ドレスデン美術館のカタログと同画のスライドを求めて、贈られたことに対し、感謝する。

(25) Bd. V, S. 81. (Nietzsches Werke, Gesamtausgabe in Großoktav)(『華やぐ知恵』四五)。ニーチェにおけるエピクロスの見方については詳しく述べる紙数が尽きた。W. F. Otto, Die Wirklichkeit der Götter はこの問題に関連して示唆的である。なお Vgl. A. v. Martin, Nietzsche u. Burckhardt, S. 100ff.

最後にこの小論作成にあたり、ことに「英雄的風景」に関し、いろいろと示唆をあたえられた河原忠彦、杉山好、今井道児諸氏に謝意を表する。

アスポデロスの咲く野――ニーチェの遺産――

ギリシア的な美には、一種のおちつき、一種のしずかな端厳さがただよう。だが、まさにそのために、そこには不安がある、ということを指摘したのはキルケゴールである。ギリシアの彫刻には謎のように深い悲哀がある、とかれはいう。それは不安の無につきまとわれていると。

　こういう見方がどこから出てくるかというと、結局キルケゴールのキリスト教的信仰の立場が前提になっているわけである。かれはギリシア人の世界は、まだ「精神」を知らないと考える。「精神」とは、つまりキリスト教のガイスト、すなわち霊のことである。ヘーゲルの場合でもそうだが、ガイストをただ精神と邦訳するために、どうしてもそのキリスト教的背景が薄れてしまう。しかし霊と訳しても、哲学史的にいろいろ不満なところがでてくる。ヘーゲルの影響を受けたキルケゴールの場合でも同じことで、ドイツ観念論の著作を訳している人たちはみなこのディレンマにおちいる。――ところで、そうした精神がないにもかかわらず、美が君臨し、一種の綜合をとげているのが、ギリシア的造型の特色であるとキルケゴールはいう。かれは、人間を「心的なもの」と「身体的なもの」から成ると見、この綜合を成就させるものが「精神」であると考える。その精神が欠けているのに、一種の綜合が、美によってとげられているというわけだ。

その例証としてキルケゴールはヴィーナスの眠っているすがたをあげる。かれはいう。ヴィーナスは眠っているところを描かれても、やはり美しい。いや、ことによると、そのときこそ最も美しい。しかし、眠っているということはまさしく精神の欠如ではないのか。人間は年を取ると、精神の美しさを加えるが、ひとたび寝すがたということになると、醜さを増す。子供は、その反対に、眠っているときが、いちばん美しい。

ギリシア美術の頂点に立っている彫刻をよく見るがいい。その眼はくぼませてあり、うつろで、視線がない。これはキルケゴールにいわせると、十分な理由がある。つまりギリシア人は、深い意味における「精神」の概念に到達しなかったのであり、そのため、やはり深い意味における感性なり時間性なりを感じとることができなかった。これに対して、神を比喩的に「眼」として捉えたキリスト教は、――たとえば上田敏の訳したユゴーの「良心」を考えてもいいだろう――ギリシア人の知らない精神の次元をひらいた。

時間性の概念は、無常の問題、つまり死の問題にむすびつく(感性の概念は、性の問題にむすびつく)。死のほんとうの意味は、ギリシア人にはわからなかった。精神がなければ、死はおそろしいものではない。動物も死に、子供も死ぬが、かれらは死を死と知らずに死ぬ。動物や子供の死は、本来的な死ではない。本来的な死を死ぬことができるのは、精神を持った人間だけである。死の瞬間に、人間はさきに述べた綜合のくずれる限界状況におしつめられる。身体は死ななければならない。しかし精神は、霊は、死なないし、また死ねない。それは恐怖でもあるが、死の本来的なものの開示でもある。これに反して、死に対するギリシア人の態度は、もっと素朴であり、おだやかなものといえる。レッシングの論文『古代人はいかに死を造型したか』は、古代人の描く死の精が、その首をのばして生の炎を吹き消す情景を描いてくれる。その粛然たる様子に接すると、われわれ近代人も一種の郷愁に似た感情をおぼえ、こうした導き手にいっそ身をまかせたいという誘惑を受ける。それは「回想すべき何物もない回想」のように静寂な導き手だ。しかし、この導き手についてゆくのは一面また、不気味でもある。この導き手は何も隠していない。かれが現にあるごとくに、死はそこにあるのであり、それでおしまいである。この死の精がそのやさしい姿で、死者の上に身をかがめ、その最後の接吻のいぶきで生命の最後の炎を吹き消すとき、人生の体験はつぎつぎと消えてゆき、結局、死が不可解な秘密だということだけが残るということには底知れない悲愁がある。

この死の秘密は、それ自体不可解なものでありながら、しかも、人間の生涯はとどのつまりひとつの遊戯であったと、あからさまに告げる。いまその遊戯が終わる、――そこに残るのは、一切を打ちくだく沈黙だけだ。

キルケゴールはこのように古代人の死、異教徒の死を理解したから、当然かれはギリシア人の死後の世界にも背をそむけた。冥界をたずねて、オデュセウスのように降りてゆくことは、かれの念頭になかった。かれはキリスト教的な「永遠」にむかって眼をあげた。かれは神の前にただひとり裸で、――かれの言う「単独者」として――立つことにすべてを賭けた。

たしかに教養ゆたかな知識人キルケゴールはギリシア人やその悲劇について語りもする。しかしかれはもっぱらソクラテスという人物に、その問題を集中する。ソクラテスこそ古代にあって「単独者」の概念をとらえた唯一の思想家であり、これによって異教は自己崩壊にみちびかれたからだ。このソクラテスのところだけが、くっきり明るくなっているが、古代文化の偉大な背景ホメーロスの世界は、キルケゴールの視野のそとにかすんでしまった。こうしたことは、ひたむきな信仰者としてかれがひきだした必然的帰結ともいえるだろう。

ところで、誰がふたたびオデュセウスとともに冥界へおりていっただろうか。そのためにはキリスト教の神が死んだと、あえて発言する者が必要であった。ニーチェがステュクスの流れをわたって、アスポデロスの咲く冥界にさまよったのも、かれの発言の必然的帰結であったと思われる。

あるときニーチェは書いている。

わたしもやはりオデュセウスと同じように冥界へ行ってきた。これからもたびたび行くだろう。幾人かの死者と話したいばかりに、わたしは牡羊をいけにえにしただけではなく、わたし自身の血をも惜しまなかった。そんないけにえをささげたわたしを迎えてくれたのは四組のひとたち、エピクロスとモンテーニュ、ゲーテとスピノザ、プラトンとルソー、パスカルとショーペンハウアーであった。長いこと孤独の旅をつづけていると、わたしはいつもこの人たちと自分を対決させずにはいられない。わたしはかれらに審《さば》いてもらいたいと思う。かれらがおたがいに審きあうなら、かれらのいいあうことにじっと耳をかしたいと思う。自分が何をいい、何を決意し、わが身のため、ひとの身のために何を考えだそうと、この八人の人物にわたしは眼をこらし、またかれらもわたしに眼をこらしているのを見る。――生者たちよ、許しておくれ、わたしにはあなたがたのほうがむしろときどき影のように見える。あなたがたはすっかり蒼ざめ、いらいらし、不安げに、しかもああ！生をものほしげに眺めている。そんなときあの死者たちは、もう死んだ後では、決して生に倦むことはありえないと、実に生き生きして見える。この永遠に生き生きしていることが肝腎だ。キリスト教のいう「永遠のいのち」などは問題でない。そもそも生そのものに何の価値があるだろう！

またニーチェはこんなふうにも書いている。われわれの生きているこの世に、あるいは宇宙に、なんらかの目的や意志がひそんでいるように見えるものの、それは疑わしい。われわれ自身の自由意志ですらも、結局、必然のさいころをふっているのではなかろうか。このように訊ねたあげくに、ニーチェはいう、――「われわれはあまりにも偏狭で、あまりにもうぬぼれに陥っているので、われわれが徹底的に制約された状況にあることが理解できなくなっているのだ。……おそらくそれにちがいない！　このおそらく以上のことが言えるためには、われわれは冥界、すなわちあらゆる表面的なものの彼岸に、客人となって、ペルセポネーの卓で、女神自身とさいころあそびをしていなければなるまい。」

ニーチェの少年時代の詩を見ると、死のテーマが実に多い。やがてショーペンハウアーの影響をうけて処女作『悲劇の誕生』を書き、ディオニュソスとアポロについて語ったときも、この二柱の背景になっているのは、ギリシア人のペシミズムの濃い影であった。ギリシア人は、実在の凄惨な実相に耐えるためにこれらの神々をつくりだした。無意味な生存にしろ、人間がともかく生きてゆき、自分というものが可愛いのは、「個体」を形成させるアポロの神の力である。個体はひとつの仮象にすぎない。個体が死ぬことは、全体(ショーペンハウアーのいう「根元的一者」)に復帰することであって、「途方もない戦慄的恐怖」であると同時に、「歓喜あふれる恍惚」なのであり、ここにディオニュソスの本質への一瞥があると、『悲劇の誕生』の冒頭は教える。

もともとアポロは「夢」の神なのだ。ということはわれわれの現実は白日夢であり、われわれはその夢のなかで個体という仮象を生きているにすぎないということである。個体、つまりわたしの自我は、アポロの夢のなかに住む。死によるこの個体の破壊が全体に復帰することだとすると、それは恐怖と歓喜を通じて、夢から醒めることでもある。冥界にゆくことは、あらゆる表面性の彼岸にゆくことで、おそるべきペルセポネーの女王が、微笑の顔をむけることだ。

ニーチェの船は、はじめからオケアノスの流れに漂っているのだ。生者と死者の境にあるステュクスの川は、かれの親しい風景であり、渡し守カローンは、子供のときからの顔なじみのように見える。

かれがつぎのような断想を書くとき、その感はますます深い。かれは考える——。

宇宙を生命をもった有機体とも、また一個の機械仕掛とも考えないようにしよう。むしろ宇宙は永遠にわたる混沌と見たほうがいい。混沌というのは必然の欠如というよりも、秩序、組織、形式、美、知恵その他結構ごとを好む人間性が呼称する一切のものが欠けているという意味においてである。それは完全でもなく、美しくもなく、高貴でもなくそうしたものになろうともしない。それを非難することもできないし、賞讃することもできない。そこにはなんの目的もなく、従って偶然すらもない。「われわれは死は生に対立しているなどとはいわないようにしよう。生者は死者の一種にすぎず、しかもきわめて稀有な一種なのだ。」

生者は死者の一種だという一句を噛みしめてみるがいい。いったい、あなたはほんとうに生きているのか、むしろあなたは奇妙な死者のひとりにすぎないのではないか。

このような問い、このような考察は、ジルス・マリーアの山中の隠遁者がしばしば洩らすつぎのようなつぶやきと重なる——

——わたしも人間と交際する。わたしは人間にふさわしい衣裳をつけて、人間の中にはいってゆく。仮面をつけて人なみにふるまって見せる。しかしときどきはかれらがうるさくなることがある。そのときは、わたしは幽霊のように出没してみせて、かれらをこわがらせる。たとえば人間どもがわたしを摑もうとしても摑むことができない。これは恐怖を与える。あるいはしまっている扉を通してはいっていったりする。わたしは一切のあかりが消えたのちに、別の言葉でいえば、自分が死んだ後に出現してみせる。このわたしの生き方をあなたはどう思うか。「諸君には、こうしたわが身のまわりの異様なつめたさ、墓のような寂寞に耐える気があるだろうか、——生と呼ばれてはいても、同時に死とも呼ばれうるような、この地下の、隠れた、沈黙した、発見されぬ孤独に——」

死後にはじめて生きることを思っているこの隠遁者の眼にうつる風景は、ニーチェが「私の『ツァラトゥストラ』をいくらかでも理解するためには、おそらく私と似たさだめを負うていなければならない、——片足を生の彼岸において……」という要求と呼応している。

金色の晴れやかさよ、はや来たれ！
なんじ死の前の
秘めやかな甘いさきぶれよ！

第七の孤独よ！
かくも甘い確実さを
　かくも身近に感じたことはない。
太陽のまなざしをかくも暖かく覚えたことはない。
――わが山頂の氷はまだ輝いているのではないか？
しろがねに、軽く、魚のごとくに
いまわが舟はすべりゆく……

絶唱「日は沈む」の結びだが、この小舟はアケローンの川をわたる小舟なのだ。ニーチェの説いたニヒリズムは、現代人がこの冥界にあるということの指摘であった。それは神を失ったが、超人の出現にはまだ遠い過渡期のさまようアスポデロスの咲く野の風景であった。ニーチェの残した遺産は多いが、この風景もその一つである。

このことをいまさらにいうのは、ニーチェ以後の詩人を理解するには、たとえばリルケにしても(オルフォイスの二重の国)、ベンにしても(仮象のオリンポス!)、この遺産の重要な相続人だということを忘れては始まらないと思うからである。

ニーチェにおける脱ヨーロッパの思想

ニーチェが「神は死んだ」といったことはよく知られているが、この神は（いうまでもなく）キリスト教の神であり、それも主として「道徳」との関連において深く考察された神であったといえる。ニーチェはたしかにヨーロッパの歴史的状況のもとで神の死亡診断書を書いたのであるが、いわば神一般を否定したとはいえないように思える。早い話が処女作『悲劇の誕生』で、アポロに対するものとして描かれたディオニュソス――このギリシアの神は、しばらく鳴りをひそめたのち、やがて「十字架に掛けられた者」すなわちイエス・キリストに対立するものとして、ニーチェの思想劇の幕切れにおどろおどろと姿をあらわす。ニーチェの遺稿を見ると、その中にはたとえば、「ほんとうは、たんに道徳的な神が否定されたにすぎない」（XIII, 75――数字はナウマン・クレーナー刊の大オクターフ版の巻数とページ数をしめす、以下同様）といったことばが見え、また次のような表白もある。

――そして、どんなに多くの新しい神々がなおも可能なことだろう！　宗教的本能が、いいかえれば神を形成する本能が、時ならぬ時におりおり、このわたしに蘇ってくることがあるが、そのたびごとに神的なものが、なんと違ったかたちで現われてくることだろう！　……どのくらい年を取ったのか、それともまだ若いのか、まるでわからない月世界から降ってきたような、あの無時間的瞬間に、じつに多くの奇妙なものがすでに幾度となくわたしのそばに近寄ってきた……多くの種類の神々のあることをわたしは疑うことができない。(XVI, 380f.)

こうした遺稿はニーチェの思想の素地と奥行をうかがわせる気がする。彼は疑いもなくアンチクリストではあるが、一義的な無神論者とはいえないようである。むしろ生涯「知られざる神」の探求者であったというほうが、より適切かもしれない。少くとも彼の理想が擬人観的《アントロポモルフィッシュ》にかたどられていく傾向は否定できない。彼は文化の問題の窮極に、「道徳」と絡みあっている宗教的神性を見ていた。ここには当時の知識人における宗教的意識とはかなり異なった情熱があった。

ニーチェは『ツァラトゥストラ』(一八八三—八五)を書いた翌年、『善悪の彼岸』(一八八六)を書き、つづいて『道徳の系譜』(一八八七)を書いた。この両著作の表題に注目すれば、それだけでどちらも「道徳」の問題に執着していることがわかる。『道徳の系譜』の扉には、「最近公けにした『善悪の彼岸』を補足し解説するために」とあって、両著作の連関性を示しているが、いずれにせよどちらも『ツァラトゥストラ』の豊富な比喩と象徴に対して、その思想の結節とでもいうべきものを敷衍し解明するところが多い。ニーチェは『この人を見よ』(一八八八)の中で、生涯をふりかえっておのれの著作の解題を書いているが、『曙光』(一八八一)については、「この書とともに道徳に対するわたしの征戦がはじまる」と述べている。『曙光』は「道徳的偏見に関する考察」という副題を持っていて、時代順にいえば『人間的、あまりに人間的』(一八七八—七九)につづく中間期の作品だが、このあたりから道徳の問題がくっきりと浮かびあがってくるのである。つづく『華やぐ知恵』(一八八二)で、はじめて「神は死んだ」という集約的表現があらわれる。その主題を踏まえて『ツァラトゥストラ』が来るわけである。『曙光』から『ツァラトゥストラ』という頂点を経て『道徳の系譜』にいたる一連の著作には、ニーチェが道徳とその原点たる神の問題をめぐってゆきつもどりつ、時には足を止めてためつすがめつしながら、しだいにいらだち、激越さを加えていく過程が見られる。『ツァラトゥストラ』はすでに神の死んだ世界の出来事であるが、神の死とその死因をめぐっての考察、そのもたらす影響、不可避的に起る諸価値の無力化、「善悪の彼岸」への超出、といったテーマはいろいろな角度から取りあげられ、蒸しかえされ、多くのイメージや寓喩を生みだす。たとえばツァラトゥストラは神が啓示した十戒――ヨーロッパ道徳の根柢になった「古い石の板」――を砕き、破片のかたわらに坐って「新しい石の板」を書こうとする。彼がまのあたりにしているのは、神が死んで存在の意味を見失った人類が直面するニヒリズムの世紀である。しかし人類にとってニヒリズムはたしかに大きな危機であるけれども、同時にそれはいままでに経験されなかった大きな解放感をもたらすものでもある。ニーチェはニヒリズムのこの両側面を見る。神の死によって伝統的文化がその根を断たれて浮きあがった、――ということは危機であり、西欧の価値体系の相対化である。この相対化は歴史的な相対化であるとともに、地理的な相対化でもある。その相対化は解放にもつながる。中世以来閉ざされたヨーロッパ人の意識は、神の死という断定によって、いまはきっぱりと、より自由に、より広大にそのまなざしを放つであろう。そしてそのあるものは東方に向かうのである。

しかし、ここで注意していいのは、ニーチェの意識の生長に密着して考えれば、神の死—道徳感の動揺—西欧文化の価値体系への不信とその相対化—視圏の拡大といった図式は、必ずしもそのままでは妥当しないということである。つまりニーチェの精神的展開のあとを地道にたどれば、彼は若いときからヨーロッパ文化というものに対して、かなり広大な視圏(古代ギリシアへの沈潜とそのオリエント的性格への注目、ショーペンハウアーによるインド思想への開眼)を持っていたのであり、その相対化は当初から予感的に遂行されていたともいえる。むしろそうした相対化が前提となってはじめて「神は死んだ」という断定が可能になったとも考えられる。ニーチェの思考の動きに忠実であるためには、この両方の動向をあわせて考える必要があろう。ニーチェを理解するには、その標語的・定式的な表現——「神の死」「超人」「力への意志」「運命愛」等々の人目をひく渦巻をみつめるとともに、そうした渦巻をつぎつぎに生みだす底流の動きをも考えなければならない。

以上のようなことを考慮に置きながら、つぎの断想を読んでみよう。これは『華やぐ知恵』の中の一節(V, 339f.)である。

「漂泊者」は語る。——わがヨーロッパの道徳性を一度遠くから見て、それを他の、過去の、もしくは未来の道徳性と比較してみようと思ったら、ある町の塔がどのくらい高いのか知りたくなった漂泊者のようにやらなければならぬ。——そのためには漂泊者はその町を出ていくのである。「道徳的偏見に関する考察」は、それが偏見に関する偏見、にならないためには、道徳の外の或る位置に立つことを前提とする。つまりなんらかの善悪の彼岸であって、そこまでわれわれは登り、攀じ、天翔けていかなければならない。――さしずめ、ともあれわれわれの善悪をこえたところの彼岸、一切の「ヨーロッパ」からの自由がだいじだ。この一切の「ヨーロッパ」とは、われわれの血肉と化した支配的な価値判断の総体と解される。われわれがまさにそうした外方へ、上方へ出ようという意志を持つのは、あるいは小さな狂気、奇妙な、不条理な「運命」であるのかもしれぬ、――つまりわれわれ認識者もまたおのれの「ままにならぬ意志」という特異体質を持ちあわせているというものだろう。

――しかし問題は、われわれが実際にそうした上方に出られるかということだ。これはさまざまな条件に依存することだろう。主としてそれは、われわれがどれほど軽いか、どれほど重いかの問題、本来のわれわれの「比重」の問題である。認識の意志をそのような遠方にまで、いわばおのれの時代を超えた彼方にまでおしすすめるためには――幾千年にわたる展望をなしうる眼がいり、そのうえなお、その眼の中に至純な天空をおさめるとなると、われわれはきわめて軽くなければならない。われわれ今日のヨーロッパ人を圧《お》しつけ、阻み、抑え、重たいものにしている当面の多くのものから、われわれ自身を解き放たなければならない。時代の最高の価値標準をみずからの眼で見据えたいと思うこうした彼岸の人間は、そのために何よりもまずこの時代そのものを自分自身の中で「克服」する必要がある。――それは彼の力の試金石なのだ――、したがっておのれの時代ばかりか、この時代に対してのこれまでのおのれの嫌悪や反抗をも克服しなければならない。かかる時代に生きるがゆえのわが苦悩を、わが反時代性を、わが浪漫主義を……。

短い文章だが、これだけのものにもニーチェの思考の水脈がよく見える。ヨーロッパの道徳性を見なおし、測り、新しい評価を加えようとするためには、ヨーロッパから離れて外へ、また上へ出なければならぬ。ここには地理的な方向と、歴史的な方向が示唆され、さらに道徳そのものからの超出――「善悪の彼岸」へ――という想定が強調される。しかしヨーロッパとは「われわれの血肉と化した支配的な価値判断の総体」だと見るとき、ここからの超出は同時に、かかる認識者すなわちニーチェそのひとの仮借なき自己克服を意味する(西行、宗祇、芭蕉、山頭火といった、われわれに親しい漂泊者たちは「血肉と化した支配的な価値判断の総体」から脱出しようという姿勢ではなく、むしろ求心的に「此一筋につながる」というおもむきがある)。この自己克服の問題にかえってくるところがまさしくニーチェなのである。自己の生きる時代を嫌悪し離脱するという生きざまは珍しくないだろうが、ニーチェはさらにその嫌悪や反抗、反時代性、浪漫主義そのものをも克服せよと意気込む。そして外部へ向う意志は、上方へ向い、同時に内部へ向う意志と緊密に呼応しあう。ニーチェの脱ヨーロッパの思想をさぐることは、地理的なひろがりと同時に歴史的であり、内面的でもある自己超出をあとづけることとなるだろう。

　ひとも知るようにニーチェはワーグナーから離れて、一介の「漂泊者」としてイタリアに行った。そこでビゼーの歌劇「カルメン」に感激した。ここにはニーチェにおける「南方」の意味するものが重なっているが、この音楽の問題に触れた断想をひとつ取りあげてみよう。ニーチェのような包括的で重旋《ポリフォー》律《ニッシュ》的なたましいにとっては、脱出は当然音楽の領域でも起こるのである。

　――ドイツ音楽には用心するに越したことはない。およそわたしが愛するように南方を愛する者、つまり南方を、精神の高みから官能の深みにかけての治癒を教える学園として、自主的で自己信頼にみちた人生の上にひろがるゆたかな陽光、その陽光による神化として愛する者、――であるならば、ドイツ音楽には警戒が必要だということに思いいたるはずだ。ドイツ音楽は、趣味をそこない、同時に身体を悪くする。生国によらず、信念によるところの南国人は、音楽の未来について夢みるとき、音楽を北方から救いだすことも夢みなければならない。そして、より深く、より力強く、おそらくより残酷で、より秘めやかな音楽の序曲を、その耳に聞きとらなければならない。それは超ドイツ的な音楽だ。青々とした官能的な海原や地中海の明るい空とむかいあっても、ドイツ音楽のように響きを失い、色あせ、蒼ざめてしまうことのない音楽である。それは超ヨーロッパ的な音楽だ、それは砂漠の褐色の日没を前にしてもひるむことなく、その魂は椰子の木と同質で、大きな、美しい、孤独な猛獣どもに伍して棲み、彷徨することができる魂だ。――善悪についてはもはや何もわきまえず、わきまえぬところがそのいとも稀有な魅力となったような音楽、しかもときに何かしら舟乗りの抱く郷愁のようなもの、何かしら金色の影のような、愛情の弱みのようなものがところどころに流れる音楽を、わたしは想いえがくことができる。それははるかな彼方から、没落に近く、いまはほとんど理解されなくなった道徳的世界の音色が、自分のところに逃げこんでくるのを見、そうした遅れた逃亡者を親切に迎えいれることができる深みをもった芸術なのだ。(VII, 227f.)

ニーチェの音楽における「漂泊」もやはり「善悪の彼岸」をめざしている。とはいえ、亡びゆくヨーロッパの道徳的世界に何かしら後ろ髪をひかれるような思いが付加されているのはおもしろい。とはいえ超ドイツ的、いな超ヨーロッパ的な音楽こそ求められるべきものである。ドイツ人の魂はよくいわれるように、アルプスの彼方、明るい南国にあこがれる。ヴィンケルマン、ゲーテ、プラーテン、ハイネからトーマス・マン等々にいたる精神的向日性である。ニーチェもその系列のひとりだが、ニーチェの描く「善悪の彼岸」は、イタリアと地中海の風物、クロード・ロレンの風景の金色の均整、ゲーテの「ローマ悲歌」の官能性、ないしはブルクハルトのいわゆる廃墟の感傷性、といったもろもろの伝統的な道具立てをとびこして、アフリカの「砂漠」へ行く。褐色の落日と椰子の木、猛獣の走る砂漠……。

ニーチェがワーグナーとの関係に決算をつけた『ワーグナーの場合』は、ワーグナーの歌劇と対照させて、ビゼーの「カルメン」の感銘を語るくだりからはじまる。「救済」はキリスト教やワーグナーの一手販売ではない。ビゼーの「カルメン」もまさしく人間を「救済」するのである。ワーグナー的理想のあの陰湿な北方性と瘴気は「カルメン」にはない。その筋運びはメリメに負うが、同時にその情熱の論理、直截さ、冷酷な必然性も受けついでいる。それは「とりわけ熱帯に特有なもの、乾燥した空気、大気の透明さを持っている。ここではあらゆる意味で風土が別物だ。ここで語っているのは、別の官能、別の感受性、別の明朗さである。この音楽は快活だが、快活といってもフランス的なそれでも、ドイツ的なそれでもない。この快活さはアフリカ的である……」(VII, 9)

しかし、アフリカ的というなら、もっと強い連想がはたらくのは、『ツァラトゥストラ』第四部の「砂漠の娘たちのもとで」の章である。それは一四六行の長い無韻の詩だが、山中のツァラトゥストラの洞窟に集まった異様な客人たちのひとり、「ツァラトゥストラの影」と自称する漂泊者がこの歌をうたうのである。前に引用した断想――「ある町の塔の高さを知ろうとする漂泊者は町を出ていく……」――のみだしが、「「漂泊者」は語る」であったが、この漂泊者にことさら括弧がついていたのはなぜだろうか。思うに、それはニーチェの脳裡では漂泊者はもはや普通名詞ではなく、前歴を持っている存在だからである。『人間的、あまりに人間的』の後半の「漂泊者とその影」以来、漂泊者はひとつの実在として、ニーチェの孤独な対話の中の登場人物なのだ。病気が重くなり、大学教授を辞職し、ワーグナーと不和になり、時代そのものに疎外されて以来、ニーチェそのひとが一介の漂泊者であった。夏はアルプスの山中に、冬はイタリアか南仏の海岸にといったぐあいに転々とする下宿生活がおよそ十年、トリノにおける発狂までつづく。しかしこの漂泊者は同時に思想的な漂泊者でもあった。彼はこれまでのよりどころとした理想を、自他の別なく、根こそぎ吟味しなおすことからはじめた。それは徹底した「懐疑」であり、あらゆる先入見から解放された「自由精神《フライガイスト》」を生きることであった。「プリンツ・フォーゲルフライ」であった。『ツァラトゥストラ』第四部に出てくる漂泊者はすでにこうした過去を持っているのである。おもしろいことには、『人間的』のばあいには、アルプス山中の孤独な漂泊者はその「影」と対話する。ところが『ツァラトゥストラ』にいたると、『人間的』の漂泊者と影はいずれもすでに乗りこえられた段階に属する。ここに両者は一体化し、漂泊者は影そのものであり、影は「ツァラトゥストラの影」と自称する。それは痩せ衰え、細く、うす黒く、空虚な影である。「影」は山中を行くツァラトゥストラを呼びとめ、自己を語る。

わたしは、ツァラトゥストラ、あなたのあとを長いこと追ってきた／……あなたとともに最も遠い、寒冷な地方をもうろついた……／あなたとともにあらゆる禁断のもの、最悪とされるもの、最も遠く離れたものにもぐりこもうとした。もしわたしになんらかの取り得《え》があるとすれば、それはどんな禁制をもおそれぬということだ。あなたにならって、わたしはかつて自分の心が尊敬していたものを破壊した。あらゆる境界石と偶像を倒し、危険きわまる願望を実行しようとした。……ありとあらゆる犯罪を一度はのりこえた。／言葉や価値や偉大な名称に信頼をおくことをやめた。／「真理といえるものはない。何をしても許される」こうわたしは自分に言いきかせた。

まさしくこの「漂泊者」は懐疑と不信に生き、一切の先入見や拘束をかなぐりすてた「自由精神」であり、その価値破壊が極まってニヒリズムに到ったものである。

漂泊者は訴える。

あまりにも多くのものを、わたしは見破った。そのため何事も関心をひかなくなった。わたしの愛するものはなくなった。――どうしていまさら自己などを愛することができるだろう？／このわたしにいまも目的があるのだろうか？　わたしの帆がめざして行く港が……／わたしの故郷をめざしてのこの探求。おお、ツァラトゥストラ、あなたにはよくわかっている。この探求がわたしのわざわいだった。それはわたしをほろぼす。

ツァラトゥストラはこうした言葉に暗然となり、「漂泊者」が自分の「影」であることを認め、一夜の宿として自分の洞窟を提供する。

ツァラトゥストラの洞窟に集まった異様な客人たちは「漂泊者」をはじめみな近代的危機の構成分子であり、その戯画である。ツァラトゥストラにとっては、彼らは一般大衆たる「群畜」よりは「ましな人間」たちであるけれども、その集まって醸しだすペシミスティックな空気(これは十九世紀の「世紀末」の雰囲気である)には、堪えがたいものがある。ツァラトゥストラは洞窟の外へでて良い空気を吸おうとする。「漂泊者」はそれを見て、叫ぶ。

おお、ツァラトゥストラ、ここにはいまにも声をあげそうな多くの隠れた悲惨がある。多くの夕暮れ、多くの雲、多くの陰湿な空気がある！／あなたはわれわれに強壮な男性的食餌と力づよい箴言のかずかずを馳走してくれた。／あなただけがまわりの空気を強壮で、澄んだものにすることができる！　わたしは地上で、このあなたの洞窟の中の空気ほど良い空気に出会ったことがなかった！／多くの国々をわたしは見た。わたしの鼻はさまざまな空気を吟味し、評価することができるようになった。そしてあなたのところでこそ、わたしの鼻は最大のよろこびを味わっている。

ただ例外がある、——例外がある——、おお、ひとつの古い思い出を許してください！　ひとつの古い食後の歌をうたうことを許してください。それはわたしがかつて砂漠の娘たちのなかで作ったものだ。——

——というのは、あの娘たちのところには、同じような澄んだ良い空気、東洋の空気(morgenländliche Luft)があったからだ。あそこにいてわたしは雲の多い、陰湿な、憂鬱な、古いヨーロッパからこのうえなく遠ざかることができた！

当時わたしはそのような東洋の娘たちを、そして雲ひとつかからぬ、思想のかげりもない別の青い天国を愛していた……。

漂泊者は脚を組み、竪琴を手にして、まるで新しい変った空気を味わうように鼻の孔をひろげ、一種の唸り声をあげて、歌いだした。

砂漠はひろがる。わざわいなるかな。心に砂漠を抱く者は！
——こいつは荘重だ！
まったく荘重だ！
重々しい歌いだしだ！
アフリカ的にどっしりしている！
獅子にふさわしいといいたいが
いや、咆え猿ども、道徳家《モラリスト》どもにふさわしい重々しさだ——
——しかし、しょせん、あなたがた、
可愛い、可愛い女の子たち、あなたがた向きじゃない！
その足もとにこのわたしが
ヨーロッパ人としてはじめて
坐ることを許された

椰子の葉かげに。セラ。

砂漠はニヒリズムである。漂泊者の「漂泊」のはてに待ちうけていたニヒリズムだ(そこまで行った漂泊者だが、やはりヨーロッパ人たることから離れられないところから、この歌が生まれている)。この不毛の砂漠の中に小さなオアシスがあり、そのオアシスに舞いおりた「漂泊者」の眼のまえに東洋的な「可愛い、可愛い女の子たち」が忽然とあらわれる。これは砂漠におけるエロチカである。この「最上の空気」「楽園の空気」「明るい、軽い、金色の縞のついた空気」これは「善悪の彼岸」の別名だが、これは道徳から離れることで、感性そのものの、官能性の世界に通じているのである。この長い謎にみちた戯《ざ》れ歌に、くわしいエクスプリカシオンを加えるゆとりはないが、キリスト教の狭隘な性観念が、ニーチェの執拗な攻撃をうけていることは知っている方がいいかもしれない(たとえば『曙光』の中で「……悪く、陰険に考えれば、情熱は悪く、陰険なものになってしまう。そこでキリスト教は、およそ性的興奮の際に信徒の良心の中に苛責が生じるということから、エロスやヴィーナス——偉大な、理想的な力——を地獄の小びとや妖怪に変えてしまった。必然的規則的に生じる感情を内心の悲惨な泉とし、こうして内心の悲惨を各人に必然的規則的なものにしようとするのは、恐ろしいことではないか！　そのうえこの悲惨は、それが隠微な出来事だから、結果的に一層深く根ざすことになる。……エロスを敵と呼ぶことができるだろうか！　……このようなものを罪悪視し、良心の疚しさによって破壊してしまうとは！　人間の生殖を良心の疚しさと結びつけるとは！　……後世はキリスト教文化の遺産全体に偏狭で狂気染みたところがあると批評することだろう」(IV, 74f.)。『アンチクリスト』ではさらに語気が荒くなっている。「キリスト教の底知れぬ賤しさがまるみえになっている事柄、たとえば生殖、女、結婚」「……いったい聖書のようにああした下卑たことばをつらねた本を、どうして女子供の手にわたすことができるだろう。《Um der Hurerei willen habe ein Jeglicher sein eignes Weib und eine Jegliche ihren eigen Mann……. es ist besser denn Brunst leiden.》」(VIII, 298f.)(これはルター訳の「コリント第一」、七の二、七の九の箇所であるが、邦訳聖書でその箇所を見るともっと穏健である)

冒頭の一句「わざわいなるかな」云々は、エレミア哀歌あたりを思わせて(セラという掛け声も、旧約的)、荘重な出だしだが漂泊者はたちまちそれを自分で嘲笑し、これではアフリカ的でなく、ヨーロッパ的であり、その咆え猿(道徳家)にふさわしいという。咆え猿(Brüllaffen)というのは、南米産で、樹上にすみ、夜間独特な高声を発する猿である。

漂泊者は「砂漠に近くて、しかも砂漠からははるかに遠い」、すこしも荒涼たるところのない、あらゆる口の中でいちばんいいにおいのする、オアシスの可愛い口の中に落ちこんだといい、旧約のヨナが鯨の腹の中に呑まれた話は、このような感性的な比喩と取れるだろうか、とみずから問うが、たちまち疑い、否定する。西欧の伝統的な思考にとって倫理性と感性は分離さるべきものなのだ。こうしたことは、

――わたしがヨーロッパからやってきたせいだ。
どんな年増女よりも疑りぶかい

ヨーロッパからやってきたせいだ。
神さま、ヨーロッパを改善してくださいませ！
アーメン！

あきらかにゲーテを踏まえた数十行をはさんでから、漂泊者は歌いつづける。

このすばらしい空気を呑みこもうと
鼻の孔を盃大にふくらませ
未来もなく、思い出もなく
ここにわたしは坐っている。
あなたがた、可愛い、可愛い女の子たちよ、
そして椰子の木を眺めている。
椰子の木が踊り子のように
身を曲げ、くねらせ、腰をふるうのを
――いつまでも見ていると、こちらも腰がうごきだす！
踊り子は、どうやらあまりに長いこと、
しびれのきれるほど長いこと

ずっと、ずっと一本脚で立っていたらしい。
——そのため、どうやら
もう一本の方を忘れてしまったらしい。
わたしは大事な双子のかたわれを
——行方不明のもうひとつを
せめてもと探してみたが、むだだった。
彼女の可愛らしい、きれいな
ふわふわして、きらきら光るスカートの
聖なる領域のあたりまで探したがむだだった。
そうだ、みなさん、このわたしを
信じてくださるなら、いうけれど
あの踊り子は、その脚をなくしてしまったのだ。
それはもうないのだ！
永遠になくなったのだ！
もう一本の方は！
ああ惜しいことをした。あの可愛らしい別の脚！
どこにいるのだ？　どこで淋しがっているのだ？

ひとりぽっちの脚は？
ひょっとしたら、獰猛な、
金髪の渦をもった獅子の怪物の前で
こわがっているのかもしれぬ。それとももとっくに
嚙み裂かれ、ぽりぽりやられてしまったあとかもしれぬ——
情けなや、ああ！　ああ！　ぽりぽりやられて！　セラ。

このもう一本の脚とは何だろう？　漂泊者はひたむきな懐疑家だ。未来も過去もないオアシスの「良い空気」の中で、ということはすでに「善悪の彼岸」にあることだが、彼はなおこれを疑い、分析する。そうした彼のよりどころとなるのは、やはり理性的な、捨ててきたはずのヨーロッパの精神である。この漂泊者もまた後ろ髪をひかれているのだ。ヨーロッパは精神分裂症的で、二元的だ。精神と生命、自由と秩序、理性と感性はその進歩の原理となった。踊り子の二本脚はその二元性なのだが、彼女はいまその一本を失った。その意味は、彼女は感性的なもの一本だけで、椰子の木のように立って、揺れているということである。疑りぶかいヨーロッパから来た漂泊者は、——脚がない、それはたぶん怪獣に食われたのだといわれて泣きだした踊り子を前にして、結局古いヨーロッパに逆もどりする。

さあ、出てきてくれ、見せどころよ！

道徳の真価よ！　ヨーロッパ人の真価よ！
吹け、吹け、またしても
道徳のふいごを！
さあ！
もう一度咆えるがいい！
道徳的に咆えるがいい！
——なぜかといえば、道徳の唸り声こそ(可愛い、可愛い女の子たちよ！)
何物にもまさって
ヨーロッパ人の熱情、ヨーロッパ人の渇望だからだ！
そしてここにわたしは、やっぱり
ヨーロッパ人として立っている。
わたしは、ほかにどうすることもできない。神よ。助けたまえ！
アーメン！

漂泊者はヨーロッパ人たる自己自身とその精神を戯画化し、最後は有名な、ヴォルムスの国会におけるルターの言葉をそのまま借用したりする。このわるふざけに洞窟内の鬱陶しかった空気は一変し、一同が陽気に笑いだすのである。これは『ツァラトゥストラ』の中の一挿話というだけでなく、「善悪の彼岸」における感性の位置という、やはりするどい問題を含んでいるのである。しかしわれわれはアフリカの砂漠に停滞しすぎたようだ。視線をずっと東方に転じよう。

「善悪の彼岸」という言葉自体になにか東洋的、仏教的な感じがある。これはわれわれの身近の行事として春秋の「彼岸」があるからかもしれない。望月『仏教大辞典』によると、彼岸というのはサンスクリットのパーラミータ(pāramitā)の訳であって、この語は、より正しくは「到彼岸」という意味である。すなわち「生死輪廻の此岸を離れて涅槃常楽の彼岸に到達する」という義だとあり、また春分秋分の二季に仏事を営むのはおそらく観無量寿経日想観の説によるものであろうとしてある。この弥陀の仏国ともいうべき彼岸の状態に達するためには六種の実践行為が奨められ、布施、持戒、忍辱、精進、禅定、智慧、これを六波羅密と呼ぶのである。

この「彼岸」はすでに生死の迷妄を超え、二河白道の彼方にあるのだから、もちろん「善悪の彼岸」でもあるだろう。善人すら往生し、いわんや悪人はなおさら往生する域であろう。ニーチェは仏教を、すでに「善悪の彼岸」に立っている宗教であると見ている。ニーチェの仏教観を詳細にたどることはいまはできないけれども、『曙光』の中などで、キリスト教との比較の上で、インド思想や仏教に対して与えている高い評価は知っておく必要があろう。

ヨーロッパがその他の点でどんなに進歩していようと、こと宗教に関しては、古代バラモンの闊達な素朴さにまで及んでいない。いってみれば、インドでは四千年も昔に、現在のわれわれのもとにおけるよりも、より多くの思索が行われ、より多くの思索の悦びが代々伝えられてきた。すなわちバラモンは第一に僧侶は神々よりも強力であると信じた。第二に、そうした僧侶の権力が含まれているのは、慣習においてだということを信じていた。そのため、彼らの詩人たちは慣習(というのは祈禱、儀式、供犠、歌唱、音律)をあらゆる善の本来の源泉として倦まずたゆまず讃美したのである。多くの作為や迷信がそのへんに混入したとはいえ、この信条は道理に適っていた！　一歩進むと——人びとは神々を押しのけてしまった。ヨーロッパがいつかはやらなければならないことだ！　さらに一歩進むと、僧侶や仲介者も必要でなくなった。そして自己救済の宗教を説くブッダが登場した。——ヨーロッパはこうした文化の段階にいまなお何と遠くあることか！……(IV, 90)

ニーチェは仏教はキリスト教よりも百倍も現実主義的な宗教だといい、それは歴史がわれわれに示す唯一の真に実証主義的な宗教だともいう。なぜならそれは客観的で冷静な問題提出の遺産を身につけているからだ。それは数百年にわたる哲学的思考ののちに出現してきたのである。「神」という概念は仏教出現のときにすでに清算されてしまっていた。それは「罪に対する戦い」をいわず、「苦悩に対する戦い」をいう。仏教はキリスト教とは違って、道徳概念の自己欺瞞をすでに卒業している。「私の言葉でいえば、善悪の彼岸に立っている。」(『アンチクリスト』VIII, 236)

仏教はむしろ「衛生学」と呼ばれるべきものかもしれない。「あの深い生理学者」ブッダが注視し、その教えの土台としたのは二つの「生理学的事実」であった。文化の爛熟した、末期の、デカダンスの人間が持つ感受性の過度の敏感、そして過度の精神化という現象である。こうした過敏な人間たちのおちいりやすい症状、ことに抑鬱状態をブッダは治療しようとした。節制を説き、アルコールその他の刺戟物、一切の興奮させるもの(情熱をふくむ)を遠ざける。仏教は復讐心や憎悪感を除こうとする。ルサンチマンをなだめようとする(『道徳の系譜』VIII, 237)。仏教は「美しい黄昏、完成された甘美と柔和」を用意する宗教である(XV, 257)。

しかし、ニーチェのいう「善悪の彼岸」(倫理的見地からの彼岸)と、仏教の理想の境地である「涅槃《ニルヴァーナ》」——いうなれば「絶対否定の彼岸」とは違うのである。仏教に対して、キリスト教との比較の上で、あれほど好意的な評価を与えたニーチェであるが、この「涅槃」の絶対否定にいたると、明白な拒否の姿勢をしめす(ニーチェの仏教に対する知識源は、彼の親友パウル・ドイセンの著作によるところが多いようだ)。

『道徳の系譜』には次のように書かれている。

……われわれは(道徳を捨てることだけでは到達できないといわれる)「解脱」に敬意を表したいと思う。だがそれにしても、この疲れすぎて夢を見る力もないこうした生の倦怠者たちが、深き眠りに対して加えている評価を、本気に取るのは、いささか困難だ。——深き眠り、といったのは、前にいったように、「梵」への帰入、神との「冥合《ウニオ・ミュスチカ》」の成就である……仏教の信者はいう「深き眠りにおいては、魂はその肉体からぬけだし、最高の光明の中にはいり、そこで本来の姿となってあらわれる。ここに魂は至高の霊性そのものとなって遊行し、あるいは婦女とたわむれ、乗物に興じ、あるいは友人と楽しむ。車に牛馬が繋ぎとめられているように、プラーナ(気息)が繋ぎとめられている肉体という付帯物を、魂はもはや想いかえさない」――ここにいわれていることは結局、それがいかに東洋的な誇張を弄していようとも、あの明るく冷やかな、ギリシア的に冷やかな、しかし苦悩をたたえたエピクロスの評価と同じ評価にすぎぬということである。催眠的な虚無感、深い眠りの安らぎ、つまりは無憂苦――これこそすでに苦悩し、悶えている者たちにとっては、まさに最高善であり、価値の中の価値と考えられるものである。それはかれらにとって積極的《ポジチーフ》なものと評価され、積極的なもの自体と感じられざるをえないものである(同じ感情の論理によって、すべてのペシミスチックな宗教では、無が神と呼ばれている)。(VII, 447f.)

仏教の長所に対する高い評価にもかかわらず、その究極の理想の境地である「涅槃」ということになると、ニーチェは明白な拒絶反応をおこす。――ここで連想されるのは、仏典の中でも「涅槃」の思想がよく出ているといわれる『那先比丘経』すなわち『ミリンダ王の問い』においてミリンダ王すなわちギリシア人メナンドロスがやはり「涅槃」を首肯できないことだ。長老ナーガセーナはミリンダ王に訊かれて「涅槃」をこう説明する。――「大王よ。……教えを聞いた立派な弟子は、内外の(六つの)領域を歓喜せず、歓迎せず、執着していません。かれが歓喜せず、歓迎せず、執着していないときには、かれには妄執が滅び、妄執が滅びるが故に、執着(upādana)が滅び、執着が滅びるが故に、生存一般が滅び、生存一般が滅びるが故に、生まれが滅び、生まれが滅びるが故に、老い死ぬことと憂い・悲しみ・苦痛・悩み・悶えが滅びる。かくのごとくにして、この全き苦しみの集まりが滅びるのである……」

これが長老ナーガセーナの説く「涅槃」の状態であるが、このような絶対否定の境地がどうして人間の望む最究極の理想的境地なのであろうか？　しかもその境地が安楽(sukah)であると強調されるのはなぜだろう。ミリンダ王はこれを理解できないのだ。(中村元氏の訳と解明による。同氏『インドとギリシアとの思想交流』参看。――なお「涅槃」には煩悩永滅して後有なき境地であるとともに、ブッダの死後も法性は常住するという見方などがあるが、そうしたことにはたちいらない。)

この「涅槃」への拒絶反応が、ニーチェの東方漂泊の折り返し点になったといえるだろう。しかしそれはたんなるアレルギー的なものではなく、思想的必然に裏打ちされていた。それはニーチェが師ショーペンハウアーから離れたゆえんと軌を一にする。弟子は師の意志否定に対して意志肯定、すなわち力への意志の立場を選びとったのであるから、彼が「涅槃」を理解しなかったというよりも、むしろすすんで拒否したと見るべきで、そこに厭世観《ペシミズム》から訣別したニーチェの面目があった。(ショーペンハウアーの「涅槃」の見方は、その『意志と表象としての世界』正編第七一節などにうかがえる。)

こういうふうに考えてくると、日本的「漂泊者」たちを動かしている東洋的、仏教的無常感というものも、ニーチェにおける「漂泊」とはかなりの懸隔があるかもしれない。芭蕉は『奥の細道』に「片雲の風に誘はれて、漂泊の思ひやまず」と書いた。冒頭の「月日は百代の過客にして、行きかふ年もまた旅人なり」というのは、漂泊の根柢にある、過ぎゆく時間の無常さに目がいっているのである。こうした無常感に纏綿されて、「わび」があり、「さび」があり、いわば美的救済を意味する「風雅の道」があった。西行、宗祇、芭蕉から放哉、山頭火にいたる多くの詩人的漂泊者はこのカテゴリーにはいるだろうが、そうした無常感も根源へ、根源へとさかのぼれば「空」や「涅槃」にゆきつくだろう。こうした無常感に対する、——あるいは無常感への「甘え」に対する——徹底的な拒否を、むしろ人はニーチェにおいて見るべきだろう。ニーチェの漂泊者は「自分自身の頭を踏みつけて」上方へ登る漂泊者であり(『ツァラトゥストラ』第三部の最初の章参照)、たじろげば破滅する漂泊者(「漂泊者」と題された四行詩)である。「月日は百代の過客」と直観することなく、時間と格闘し、その欲望をくじき、回帰を求める「力への意志」(『ツァラトゥストラ』第二部「救済」など参照)である。

それにしても「神は死んだ」としてヨーロッパを脱出し、「善悪の彼岸」の、「片雲の風」どころか「雲ひとつない空」(『ツァラトゥストラ』第三部「日の出前」参照)を求めたニーチェの漂泊は、東洋におけるその「涅槃」の境地を拒否することによって、どこにさまよっていったろうか。それはキリスト教でもなく、仏教でもなく、東洋でもなく、西洋でもなく、むしろ東西の仲介者であり、その対立の止揚者とニーチェの考えた古代ギリシア(ソクラテスやプラトンのギリシアではない)へもどったと見るべきであろう。東西の仲介者融合者としてのアレクサンドロス大王が、あるときニーチェの親しい理想像であったことも考えあわせるべきである。そうしたニーチェの精神的帰郷の途上で、古代イランの宗教的開祖ゾロアスター（ツァラトゥストラ）が架空のモデルとして利用された一時期があったが、ゾロアスターが元来善悪の価値を設定した予言者であったことは、ニーチェに自己矛盾を感じさせたのであった。ニーチェのこの理想像はあるいはつかみそこないであったかもしれない。『この人を見よ』の中で、この点に関して一種の弁明が見られる（XV, 118f.）。ニーチェはツァラトゥストラからさらに離れてディオニュソスに行った。ディオニュソスはニーチェの「漂泊」のたどりついた最後の認識であり、「つひの栖《すみか》」であるが、ここに将来への希望の白光もかがやくがごとくである。『力への意志』の一〇五一（XVI, 389f.――シュレヒタ版ならIII, 462f.）を噛みしめて読んでみよう。

（このディオニュソス的な経験というもの――）、ここにはすべてのギリシア的なものにとっての大きな深み、大きな沈黙がある。――この隠れた地下通路がまだ埋もれたままであるかぎりは、われわれはギリシア人を知らないのだ。その発掘のためにどんなに多大の学識がささげられようとも、学者たちのやっきとなった眼にはこうした物事は何ひとつ映るまい。――ゲーテやヴィンケルマンのような古代ファンの高尚な熱情も、ここではむしろ無理な、ゆきすぎた感じがする。待機し、準備することだ。新しい泉の湧くのを待つことだ。孤独の中で、未知の顔や声に出会う心づもりをすることだ。現代のお祭り騒ぎと埃っぽさから、おのれの魂をいよいよ洗い清めることだ。あらゆるキリスト教的なものを超キリスト教的なものによって超克し、たんにふりすてるだけではなく、――キリスト教の教えは、ディオニュソスの教えに対抗するものだったから――さらに南方を自己自身のうちに再発見し、明るくかがやく霊妙な南方の天空を、おのれの頭上に張りめぐらすことだ。

魂の南方的な健かさと隠れた力強さをふたたびわがものとすることだ。一歩一歩、より包括的になり、より超国家的になり、よりヨーロッパ的になり、より超ヨーロッパ的になり、より東洋的になり、ついにはギリシア的になることだ――なぜならギリシア的なるものは、一切の東洋的なものの最初の偉大な結合であり綜合であって、まさしくそれによってヨーロッパ精神の発端であり、われわれの「新世界」の発見であったのだから――。こうした命令《イムペラチーフ》のもとで生きようと思うのは誰か？　そうした者にいつかおとずれるものが何であるかを知っているのは誰か？　おそらくそれこそ――新しい日であるかもしれない！(XVI, 389f.)

――より包括的に、より超国家的に、よりヨーロッパ的に、より超ヨーロッパ的に、より東洋的に、ついにはよりギリシア的に、すなわちディオニュソスの名で呼ばるべきものへ――。しかしもう解説めいたことは省略しよう。ただディオニュソス的世界像を陶酔をこめて要約した、例の有名なアフォリズム(XVI, 402)でも、その結び近くに、「――永遠の自己創造、永遠の自己破壊のこのわたしのディオニュソス的世界、二重の快楽のこの霊妙な世界、わたしのこの「善悪の彼岸」、円環の幸福の中には目標がないとすれば目標のないこの世界……」といったように、「善悪の彼岸」が保持されているのは、われわれの眼をひかずにはおかない。ニーチェはよほどこの想念と言葉に愛着を抱いていたもののようだ……。

II ニーチェの周辺

ニーチェとキリスト教的人間

一

ニーチェは比類のないような自己省察者であって、たえずその思索を押進めながら自己の姿を振りかえり、自己を把握し、自己を計量し、自己を評価し、自己を象徴的に造型し、自己を主張している。この精神の「蛇」はいくたびか「脱皮」しては、みずからの抜殻に解釈を加え、この孤独な「漂泊者」は、絶えずみずからの「影」と対話して自己を洞察している。シュールプフォルタの生徒時代に書かれた「わが人生」から、最後の強烈な自己主張の書『この人を見よ』にいたる彼の自己理解は、彼の哲学の抜きさしならぬ一部であるとともに、われわれがこの把握し難い思想家の統一像を見ようとする際に、欠くことのできない重要な手掛りであり、この指標がないならば、あるいはわれわれはこのような「極《ヒュ》北の人《ーペーボレール》」の国への通路を見出すことができないかもしれない。なぜならニーチェみずからピンダルを引いて言うように「陸からも海からも」そこへ通うべきみちがないから。それは極北と氷と死の彼方の国であるから(『アンチクリスト』一)。ニーチェの初期、中期の作品に冠されている幾つかの序文は、みな後年の機会に回顧的に付加されたものであるが、それらもかかる自己理解・自己表現の意味を持っているものであり、たとえば『人間的、あまりに人間的』の序文のごとき、それは二つあるが、いずれもこうした自己洞察のユニークなドキュメントと呼ぶことができるであろう。実際われわれが統一的なニーチェ像を描こうとするとき、彼みずからがすでに天才的なタッチで素描しているもの以上に出ることは容易なことでない。その精神の重要な個性的ポイントは彼みずからがほとんど洩らさず押えている感じである。彼は自己の思想がみずからの呼吸している時代とあまりにも隔絶していることを自覚し、そのいわゆる「第七の孤独」の「高処の空気」の中をひとり飛翔しつつ、雲海に映ずるおのが影を見定めて、世人の無理解と誤解に応えようとして、自己主張を繰返したのであった。それは「例外者」の実存のおのずからなる声であった。——「よく聴いてくれ。私はかくかくのものだ。何よりもまず私というものを取違えないようにしてくれ！」こういうのは、彼の習慣に反し、なお彼の本能の矜恃に反するにもかかわらず、それは彼の義務となったものであった(『この人を見よ』序文)。

　このような自己理解の究極において、彼はどのようにおのれを解したか。自己の思想の最終の姿をどのように見きわめたか。この問に対して、彼の最後の自己主張の書『この人を見よ』を挙げることができよう。そしておそらくその最後の章「何故に私は一個の運命であるか」をもって、ニーチェの精神の究極の自己投影であったということも、許されるのではなかろうか。このすこぶる燃犀で簡潔な最後の章の、そのまた終りに近く、ニーチェはさらにすべてを要約し、あたかも繰返して念を押すかのように、かく述べている。

　わかって貰えたろうか。——私は、自分がすでに五年前、ツァラトゥストラの口を通じて語ったよりほかの一語もいわなかった。——キリスト教道徳を露わにしたことは、比類のない出来事、真の大破局《カタストローフェ》である。この点を明らかにする者は、不可抗力《フォルス・マジュール》であり、一個の運命である、――彼は人類の歴史を二つに割る。人々は彼以前に生きるか、彼以後に生きるのだ。そして少し置いて、「わかって貰えたろうか。――十字架に掛けられたもの対ディオニュソス。」この要約された対決を掲げてから、数旬日にして、ニーチェは狂気の闇に呑まれ、その白熱的な精神活動に終止符を打ったのであった。

しかし狂気となったニーチェは「ディオニュソス」とも署名し、また「十字架に掛けられたもの」とも署名した。また「十字架に掛けられた神ディオニュソス」とも署名した。これはもちろん狂気の錯乱であるけれども、同時に錯乱以上の暗示的なもの、ひとつの象徴的意味を持っていると思われる。すでに彼は「この人を見よ《エッケ・ホモ》」という標題を選んでいる。「十字架に掛けられたもの対ディオニュソス」という対決を掲げ、そしてキリスト教道徳を露わにしたこと、これが比類のない出来事、真の大破局であるという。この上掲の引用文を、ニーチェ的含蓄を十分に汲んで解するなら、われわれは、この最後の自己要約のうちに同時にニーチェの基本的な思想の究極の集約点を見出すといっても、決して過言ではないと信ずるものである。

ニーチェの精神像は、彼の発狂以来半世紀以上を閲して、いまなお一個の定着した形姿に到達していないということができる。この偉大な謎はその間動揺し変移する時代の解釈のもとに絶えざる変貌をつづけてきた。彼は最初にはほとんど一個のモラリストとして、生の哲学者として、極端なる個人主義者として、あるいは詩人的なロマンティカーとして理解された。それがシュテファン・ゲオルゲを中心とする精神運動の勃興とともに、時代の審判者、新しき世紀の預言者としての巨偉な相貌を呈し、第一次大戦後漸く形而上学者となり、ボイムラーにあっては、「ツァラトゥストラ」よりも「権力意志」に重点が移され、「デカルト、ライプニッツ、カントと並んで」ヨーロッパ級の思想家とされ、他面実存哲学の根源となり、またその理解のもとにヤスパースの現在のところ最も周匝で透徹している再構成像を得た。同時にまたクラーゲスによって深邃な心理学者の地位を賦えられた。レーヴィットその他によってニヒリズムの問題の照明者にして脱投者と見られていることも周知のことであろう。ジンメル、ベルトラム、ボイムラー、ヤスパース、クラーゲス、レーヴィット、これらのニーチェに関する主要研究書を並べてみるとき、これらが同一の対象を取扱った成果であるとは信じがたいくらいである。またたとえば一時は流行した「ニーチェリアン」という語のごときは、いまではその意味が不明になった言葉であるといえるであろう。ニーチェの哲学はナチス的政治理念の強力な支柱ともなり、ヒトラーはムソリーニにニーチェ全集を贈ったが、第二次世界大戦においてナチスが崩壊したのち、チューリヒで開かれた国際ペンクラブ会議では、ナチスに逐われたトーマス・マンが七十二歳の老軀をもってアメリカより来り、ニーチェについて講演している。というように、ニーチェの姿像は、かのツァラトゥストラが語るごとく、「いまや、われはなんじらに命ずる。――われを棄て、なんじらみずからを発見せよ。かくてなんじらすべてがわれを否定したとき、われはなんじらに復帰する」趣きを呈しているのであり、「ただ自己変転するもののみ、私にちかい」というニーチェは、その死後の精神像においても、流動と変転のヘラクリート的生成、等しきものの永遠回帰という宿命をさながら具現しているということができよう。その理論の破綻と矛盾、不斉合と不統一によって彼を否認することほど容易なことはなく、また彼を全面的に肯定している研究書というものは全然無いといっていいのであるが、批判と否認と誹謗の中にも彼が自ら選んだ箴言は、なお彼の精神像の犯し難い矜恃と結びついている。increscunt animi, virescit volnere virtus. (傷によって生気は増し、力は成長する、——『偶像の黄昏』序文)

　このようにドイツないしヨーロッパそのものにおいて変貌に変貌を重ねているニーチェ像に、はるか東亜の、精神的情況の懸隔した日本が、これまで追随しきれなかったのは、事情止むを得なかったところであろう。明治の高山樗牛以来ニーチェの名はわれわれの耳に親しいが、彼の魅力的なまた脅威的な影像は、わが国ではきわめて曖昧模糊とした輪郭のうちに浮びあがっていて、真率にこれに近づこうとするものは五里霧中を彷徨する思いがし、なんらの方向づけ《オリエンチールンク》を見出すことなく、いたずらに髀肉の歎をおぼえて『ツァラトゥストラ』を閉じたものが多かった、というのが真実ではなかろうか。このような事態にたちいたった最大の理由は、要するに、わが日本にはまだニーチェの問題を追求すべき正当にして十分な精神的地盤がなかったことにあるのである。少くともその点の自覚と反省が足りなかったゆえに、ニーチェの問題は、これまで幾多先輩の紹介や解説ないしは翻訳の努力に見るべきものがあったにもかかわらず、どこか焦点のあわぬ感じを如何ともしがたく、今日においてもだいたい好奇的な視線の対象としてあるのである。なによりもニーチェの問題はヨーロッパの精神史ことにそのキリスト教との深い関連性においてのみ理解することができるのであって、さきにニーチェみずからの最後の自己理解を挙げたのも、この点をまずわれわれが銘記したかったがゆえに外ならない。ニーチェの思想が多面的な問題提示を含んでいることは事実であり、ヨーロッパにおいても幾多の側面からニーチェ像が造型されることはわれわれがいま見た通りであるが、しかもそこでは共通の宗教意識的基盤の上にたっていて、いわば暗黙の裡にその間の諒解がいとなまれているのである。日本においては事情が異なる。われわれはむしろ直截にニーチェの精神の基本的な骨組を、そのヨーロッパ精神史的背景とその宗教的関連性においてはっきり見なければならない。ヨーロッパにおいてもニーチェについて書かれるもっとも洞察的な書物は文学的でも政治的でも哲学的でもなく、むしろ宗教的関心の深いものに移ってゆくように思われる。実存といってもニヒリズムといっても、宗教的側面の照射なくして考えられないものである。こうしたわが国の精神的状況の反省と自覚の上に立つ視角によってのみ、ニーチェの問題を問題とすることができるであろう。さもなくてたとえば、いわばヨーロッパ近代における宗教的意識の危機という歴史的基盤から遊離して、単なる「教養の書」として『ツァラトゥストラ』を読もうとするような、わが在来の高校生的風潮のごときは奇異なものである。『ツァラトゥストラ』の冒頭に出てくる「神は死んだ」という一句さえも十分理解されるとは思われない。

『この人を見よ』の中で、ニーチェは自分がキリスト教に戦いを挑むのは、なにもそれによって厄介なことや障碍を蒙った覚えがあるからではない。まじめなキリスト者たちはつねに自分に対して親切であった。反対に自分もキリスト教の苛烈な敵対者ではあるが、「数千年の宿命であるもの」を個人的に転嫁して意趣返しするなどということはないという。ヨーロッパ精神史を貫流する宗教的内実に即しないニーチェ解釈は到底彼の思想の全貌を窺う力がない。この「数千年の宿命」を感得することがまず必要である。ツァラトゥストラのいう「重圧の霊」は具体的な歴史的質容を持っているのである。しかしこのことこそとりもなおさず日本におけるニーチェ理解が困難なことを痛感させ、率直にわれわれが問題の地盤を持たないことを告白せざるを得ないものである。現代の日本にとってはようやくキリスト教精神との対決とその摂取こそ課題であるのに、ニーチェはキリスト教をヨーロッパですでに歴史的に終結したものと見、あるいは終結させることによってヨーロッパを救おうとした思想家であるから。

しかもこれらの関係は単に類型的な把握では片付かない錯綜した関係である。たとえば、彼はいうのである。「私の祖先伝来のキリスト教が、私に来て結論を出したのだ、――キリスト教そのものによって育成されて、主権を獲得した知的良心の峻厳さが、キリスト教に対して反抗するのだ。私のうちに、キリスト教は、自己を審判し、私のうちに、自己を超克する」(草稿)と。問題は微妙である。ここでは、「キリスト教によって高度に発展せしめられた誠実の感覚が、すべてのキリスト教的な世界解釈と歴史解釈に対して嘔吐を覚える」(『力への意志』一)とも言えるのである。彼がその恐れを知らぬ批判の根拠とする「良心」「誠実」のごときも、ほかならぬキリスト教倫理の育成物なのである。ニーチェはそれら貴重な道徳的遺産の後継者をもって自ら任じて愧じない。『曙光』の序文を読むなら、背徳者、背神者であるニーチェは、その「良心」すなわちそれは伝統的なドイツ的誠実、ドイツ的敬虔にほかならぬものであるが、それによって、ヨーロッパ道徳そのものの「自己止揚」を実現するのだという。

ニーチェはみずからを頽落者《デカダン》として認め、しかも同時に頽落を超克した新しい「始め」としての自己を主張する。この二重存在によって彼は一切のデカダンス道徳を攻撃する資格を自身に賦与する。キリスト教に対しても彼はこのヨーロッパ精神史的宿命に自己の存在が深く根ざしていることを忘れず、この意識をつねに持って廻っている。たとえば彼がキリスト教の神学者およびその系統につながる一切、とりもなおさず全部のドイツ哲学(と彼は判断する)が自分の宿敵だ、と宣言するときにもこう付け加える。人々はこの関係が冗談ごとでないことを理解するためには、この宿命をまぢかく見たか、さらには身をもって体験し、ほとんどそのために破滅に瀕したことがなければならぬ。自然科学者や生理学者たちがいくら自由思想家ぶっても、自分の眼から見れば冗談ごとを脱しない。彼等にはこれらの問題に対して情熱《ライデンシャフト》が欠けている。彼等はその点において苦難《ライデン》を知らないのだから、と彼はいうのである(『アンチクリスト』八)。

実際この苦難、——一般に生と認識における苦難の問題とその意味を、ニーチェほど深く体験の底で凝視したものは、近代にその例を見ないほどである。彼はこのような苦難の、さらにはアスケーゼの領域にわたって自己が通暁していることを「心理家」として誇負する。しかも彼のいわゆる「心理学」は単なる実証主義的なそれではない。彼が遍歴する「心理」の風景は、かつては偉大なキリスト者のみが知っていた国である。たとえば、ニーチェは病気の内的意味の深い洞察者であった。病気をキリスト者の常態と考えたパスカルは、ニーチェが終始人間的な愛情を惜しまなかったキリスト教的人間の範型であった。ニーチェが病気に加えた考察は多面的な複雑なものであるが、それは彼の生の苦悩がもたらした切実な叡智であった。彼にとっていつでも精神とは「みずから生命の中に切り込む生命」であった。また、精神は「みずからの苦難によって、みずからの智を増大せしめるところのもの」(『ツァラトゥストラ』「高名なる賢者たち」)であった。病気もまた、彼が「精神の幸福とは、涙によって膏《あぶら》ぬられ浄められて、犠牲の獣となること」(同上)と言ったその「精神の幸福」と切離せぬものがあった。そのような病気に関する彼の表白の一端を『曙光』から引いてみよう。

長いこと恐ろしく病苦に責めさいなまれ、しかもそれにもかかわらず知性が曇らない病人の状態は認識に役立つところがあるものだ、――深い孤独とか、一切の義務習慣の類から急に解放された場合とかにはいつも精神的に有利なところがあるものだが、それについては暫く措くとして――。重い病苦に悩むものは、彼の状態から、恐るべき冷酷さをもって外部の事物を見わたす――健康者の見る場合に通常事物を蔽っているあのすべての小さな欺瞞的な魔術沙汰が、病人の眼には消えてしまう。――いや、病人の彼自身が自身の眼前に色も艶もない生のままの姿を見せる。もし彼がこれまでなんらかの際どい幻想の裡に生きてきたとすれば、この苦痛による最高度の覚醒は彼をそこから引きずりだす方法、おそらくは唯一の方法であるだろう。……苦痛に抵抗しようとする知性の異常な緊張の結果、知性がいま眺める一切は、一つの新しい光の中に輝くことになる。そしてすべて新しい照明が与える言い知れぬ魅惑は、しばしば一切の自殺への誘惑を制止して、病人をしてその生の存続を最も望ましいものと思わしめるほど十分強力なものだ。健康なものが何の顧慮なくさまよっている快適な暖かい霧の世界を、病人は軽蔑の念をもって想う。彼が以前そこにみずからを遊ばしめた最も高貴な最も好ましい幻想をも、軽蔑の念をもって偲ぶ。彼はこの軽蔑を地獄の奥底から悪霊のように呼びだして、魂にこうして最もきびしい苦痛を与えることに快楽を覚える。この均

衡によって、彼はまさに肉体的苦痛に抵抗を致すのだ。(『曙光』一一四)

「すべて痛みを与えないものは真理でない」というニーチェは、苦悩・苦難・病苦が開かせる叡智の眼を知る。それは「病者の光学」(Kranken-Optik)と彼が呼ぶものであり、それは、宗教的アスケーゼの内的構造に通ずるものをもっているのである。彼が「わが生の最も暗い冬」と呼ぶ一八八〇年に彼はマルヴィーダ・フォン・マイゼンブルクに宛てて、「苦悩と諦めについてなら、私のここ数年間の生活はいかなる時代のいかなる禁欲主義者のそれとも匹敵し得るものです。」と書いている。彼はその病苦を通してアスケーゼの問題を深く考えた。もっとも彼はその「病者の光学」をもって、健康な概念や価値に光をあてその真実相を露呈せしめると同時に、また逆に健康な生命の充溢や自己確実の高みから病的な彼のいわゆるデカダンス本能の密かな活動を見下す、という遠近法の転位を誇る(『この人を見よ』)。しかしこれはキリスト教が究極において生の否定に止まるものでなく、否定を通した深刻な現実肯定として、新しい光のもとに、能動主義的に、此岸における価値の実現に努力する方向屈折と相即しているものである。それはともかく「すべての真理は、私にとって流血の真理である」となし、「私は自分の述作をつねに自分の全肉体全生命をもって書いた。純粋に精神的問題というものを、私は知らない」(遺稿)というニーチェのゆき方は、彼をして禁欲主義あるいは苦行道の問題の、身を挺してする鋭い分析者・追究者たらしめた。

およそニーチェをもって単に生命の快楽を歌い生物学的活力の旺溢を讃える思想家とする位見当違いな把握はない。彼の哲学の根本的な骨組がいま述べたような苦難的体験によって裏付けられていることを見るだけでも、そのような安価な解釈は却けられなければならない。さきに挙げた「十字架に掛けられたもの対ディオニュソス」という方式で示された彼のディオニュソス的肯定の思想も、前者の苦悩に対して後者の肯定的な快楽ないし生命の幸福を主張するものでは全然ない。否むしろ反対にディオニュソス的生もまた苦悩の悲劇なのである。問題は苦悩の意味にあるのであって、キリスト教的意味か、ディオニュソス的意味かということにある(『力への意志』一〇五二参照)。前者の場合は、苦悩は「聖なる存在への道」たるべきものであり、後者の場合は、「存在が、巨大な苦悩を正当化するにたるほど、すでに十分聖なるもの」なのである。人生が力をつくして彼岸の窄き門より入るために苦悩の負荷であらねばならぬ、というのではなくして、ニーチェの悲劇的人間はいかなる苛酷な現実の苦悩をもそのまま聖として肯定しきろうとするのである。キリスト教徒は、地上のいかに幸福な運命をもなお否定する、――とニーチェは考える。ディオニュソス的人間が強く、豊かで、神化するに反し、キリスト教徒は弱く、貧しく、あらゆる形式の生の苦悩を荷い得る力と資格を欠く。されば十字架の神は生への呪詛であり、生から自己を救済しようとする示唆である。これに反し、かの秘儀の神、その身を切り刻まれるディオニュソスは生を約束する。彼は永遠に再生し、破壊から立戻る。――「ディオニュソス的肯定」の思想はなお説明を要すると思われるが(なかんずく、それはニーチェにおける「古代」の意味を究めなければならないが)、以上の点だけでもニーチェが単なる安価な肯定ないしは讃美に終始するものでないことは明らかであろう。彼の思想の背後には深い苦悩があるのである。彼の思想の性格として指摘される強い人間矜持のごときも、苦悩と交叉連続しているのである。『曙光』の引用はまだ残っている。

「この均衡によって、彼はまさに肉体的苦痛に抵抗を致すのだ」につづけて、かく言われる。彼はこの均衡こそいま必要なものだと感ずる。自己の本質についての恐ろしい明察を得て、彼はわれとわが身に叫ぶ「いまこそ汝自身の告発者・馘切り人となれ！　いまこそ汝の苦悩を、汝がみずからに加えた刑罰として受けよ！　裁判官として汝の優越感を味わえ！　それのみでなく、――汝の気まま、汝の暴君的な恣意を楽しめ！　汝の生をも汝の苦痛をも超えよ、深淵を、底なき淵を覗け！」と。われわれの矜持は嘗てないほどいきりたつのである。――この矜持は苦痛という暴君に対して、またその苦痛がわれわれをして生に不利な証言をさせようとする数々の教唆に対して、――まさに生をそのような暴君に対して擁護したいという比類のない誘惑を感ずる。かかる状態にあって人はあらゆるペシミズムを憤激をもって拒む。ペシミズムがわれわれの状態の引きだす結論と見え、それがわれわれをして敗北者の屈辱感につきおとすことがないようにと。――同様に判断の正義を貫こうとする刺戟が、このときより強いことは嘗てない。なぜならいまこそそれは、われわれ自身に打勝つ勝利、あらゆる判断の不正も大目に見てもらえるような病的状態に対して打勝つ勝利であるからだ。――われわれは大目に見られたくないと思う。いまこそわれわれは「負目なく」あり得ることを示そうと思う。われわれは倨傲の真の緊張状態の裡にある。

ここには病者の認識をめぐって矜持と倨傲の感情に対するいかにもニーチェ的な心理的洞察がある。そしてこの沈滞と高揚、屈辱と矜持の相反から成る心理的弁証法は、ニーチェの根本思想の動向を先取しているとも言える。

アンドレ・ジードは「ニーチェをよく理解するためには彼に夢中にならねばならぬ。そしてそれが誤たずに出来るものは、只生粋のプロテスタンティスム或はジャンセニムスの一種によって長い間準備されてきた頭脳のみである」(ジード『プレテクスト』河上徹太郎訳)という。こういう精神の動きにはプロテスタンティズム的な性格があり、その人間形成の原動力が脈搏っていることが見られるのではなかろうか。病者が判断の正義を求め、その矜恃がペシミズムを憤激をもって拒むという気持は、例えば東洋的心境の病人には見られまい。――一例をあげれば、正岡子規の『病牀六尺』。なるほどそこには病気にめげない旺溢した精神が躍如としている。しかしおよそニーチェ的な倨傲の緊張状態などはない。病気に対する均衡をそのような精神的抵抗に見出すということはない。――そしてこの心理的弁証法はニーチェによって禁欲主義一般、その理想と実践の分析に適用される。僧侶的アスケーゼにおける謙譲、自己棄却、自己虐待の裡に、矜恃と倨傲、虚栄と己惚が潜むことをニーチェは見る。苦行道は密かな自己栄誉への道であり、おそらくその極致である。そこには「力の欲情の恐るべき秘密」があるのだ(『曙光』一一三)。ジードの『窄き門』のアリサはこのような「力の秘密」に通じている女性と見ることができよう。『窄き門』と『背徳者』はニーチェ的弁証法の統一のもとに容易に綜合される二側面にすぎない。

ニーチェはその『道徳の系譜』の第三章をあげて禁欲主義的理想の問題を追究している。彼は「良心」や「負目」の問題を掘返し、僧侶的人間をデカダンスのタイプとして見ようとする。彼のキリスト教攻撃の主目標がこの禁欲主義的なものをめぐっているといえると思うが、禁欲主義そのものは現在のキリスト教内部においていかに見られているのであろうか。ベルジャイエフのごとき宗教的思想家が次のように語るとき、すでに時代が移りつつあること、ニーチェの「反キリスト」としての攻撃を反省摂取して、キリスト教が前進しなければならぬように思われる。

人間の一現象としての基督教は、現代の精神病理学によって示されているところの精神的な又肉体的な抑圧観念の多くを示す。——虐待色情狂や被虐待淫乱症、即ち自分自身を虐待したり、或は又他人を虐待したりする事がそれである。地獄の中での永久の刑罰と言うが如き教理は、基督教の教理の中における明白なる虐待色情狂である。此処では我々は精神を清掃する一過程が必要となる。

基督教に対する審判は、文化の領域の中でも同様に下されつつある。禁欲主義に対する誤れる考え方の結果として、基督教は余りにも屡々、文化の持つ創造性に敵対した。……今や審判は基督教徒の信仰態度の上に、換言すれば禁欲主義と言う古い考え方の上に下されつつある。（ベルジャイエフ『近代世界における人間の運命』菅支那子訳）

しかし一方ニーチェの考え方をつきつめると、ニーチェはアスケーゼ一般を一義的に否定したと見ることもできない。なぜならアスケーゼの自己克服、自己否定の裡には強い「力への意志」があるのだから。またニーチェそのひとの生活と思索が苦行僧的風格のものであり、ベルトラムの表現をもってすれば「ニーチェのアスケーゼの心理学そのものが、アスケーゼ」であった。それは「流血の真理」を求める自己分析の苦行道なのだ。彼の周囲にあった人々もニーチェの宗教的素質を端的に語っている。妹エリーザベトはもちろんそうであるが、たとえばワーグナーとともにニーチェにもっとも精神的接近を遂げたエルヴィン・ローデも、ニーチェの死後「彼は覆面の聖者でした」といった。またルー・サロメはその著『作品におけるニーチェ』において「宗教的天才」の語を用い、「実際真のニーチェ研究は、主として、一個の宗教心理学的研究である」となしている。ニーチェの生涯を辿り、あの人間経験を絶した病気の系列、氷のような孤独と終ることなき漂泊の中の不屈の思索と労作、苦悩と灼熱と霊感に充ちた単純蕪雑な生活を想うなら、ニーチェはさながら聖者伝説中の人物のごとく思われてくる。その父も、父方の祖父も、母方の祖父も、プロテスタントの牧師であったという血統をついだこのニーチェは、単にキリスト教を文化批判の対象として取りあげた底の思想家ではなく、その人間的宿命の底深くキリスト教的本質が通い、彼の多端な思想の繊維の中に、キリスト教的精神が脈絡錯綜しているのであって、この悲劇的実存を見失うときニーチェもまた見失われてしまうであろう。また単に「精神」ばかりでなく、あのような不断の病疾にもなお耐えてほとんど超人的な業績を残し得たのは、その「肉体の根が、ドイツの健全な牧師的家系の大地に深く喰い込んでいた」(ツヴァイク)からでもあった。

これは「血が精神である」思想家ニーチェのために付け加えていうのである。

しかし苦難の状態あるいは悲劇的実存はハイデガーのいわゆる「平人の頽落」にあるわれわれにはいかに近づき難いものであろうか。ニーチェそのひとがそれを語っている。さきの引用の残りを挙げて置こう。

ところがそのうちに快癒の最初の曙光が訪れる、――するとその最初の影響はきまって、われとわが圧倒的な倨傲をしりぞけようとすることだ。われわれはそんな気持に駆られたおのれをばかばかしく虚栄的だったとする。まるで唯一無二の体験でもしたみたいだと思う。われわれは、まさにそのためにこそ苦痛に耐え得た強力な矜持の念を、いまは有難いと思わずさげすんでしまい、矜持に対する解毒剤をはげしく要求する。苦痛がわれわれをあまりに強くあまりに長く個人的にした後で、いまは自己が疎外され、非個人的にされたいと願う。「この矜持よ、去ってくれ！」とわれわれは叫ぶ。「これは病気であり、むしろ痙攣だったのだ！」と。われわれはふたたび人間や自然を眺める、――あこがれの眼で、われわれは悲しげに微笑しながら、それら人間や自然について以前に比して若干新しく違ったものを知ったこと、一つの面紗が落ちたことを、想う。――しかし再び人生の靉靆とした光を見、われわれがそこに苦悩したものとして、事物を、事物の奥を見た、かの恐るべき赤裸々な白日から、逃れることは、われわれを実にほっとさせる。われわれは健康の魔術がふたたび演じられ始めても、怒らない。――われわれは人間が変ったように、柔和に、まだ疲れがぬけずに、眺める。この状態で、涙を流さずに音楽を聴くことはできない。――

二

以上のような視角に立つとしても、勿論私はニーチェを宗教的聖者と同一視しようとするのではない。それはニーチェの固有の意義を全然没却することであり、いわば贔屓の引き倒しということであろう。

ニーチェは、プロテスタントの牧師がドイツ哲学の祖父であるといい、プロテスタンティズムはその原罪だという。彼のいうところでは、プロテスタンティズムとはキリスト教そのものの(および理性の――とニーチェは付け加える)半身不随である。ドイツ哲学が結局何であるかを理解するためには、「テュービンガー・シュティフト」(ヘーゲル、シェリング始め多くの哲学者を出した神学校)の一語を口にすればいい、すなわちずるい神学なのだ、カントの出現によってドイツの学界(その四分の三が牧師と教師の子弟である)が喜んで小躍りしたのは何のためか。カントによってよりよきものへの希望を見るとした、今日もなおその影響の及んでいる信念はどこから来たか。それはドイツの学究の神学者的本能が、今やふたたび古きキリスト教的理想への抜け道が見付かったと、推測したからだ、とニーチェはいう(『アンチクリスト』一〇参照)。われわれはかく語るニーチェそのひとがかかるドイツ哲学者の血統につながることを見、キリスト教的、なかんずくプロテスタンティズム的人間形成の地平においてのみ考えられる形姿であることを見たが、しかし彼の宗教的性格の深さということは、彼のキリスト教に対する認識の正しさということには全くならない。彼のキリスト教観はそれとは別個の問題であって、むしろかかるニーチェが時代の混沌たる宗教的状況のもとにあって反キリストとして出現したことにヨーロッパ近代の宗教的意識の危機的動揺と、同時にそこにキリスト教そのものに内在する自己批判の意味をも読み得ると思うのである。滔々たる宗教的無関心の時代潮流の中で、一切の価値を決定するもっとも深刻な根源としてのキリスト教を見出し、執拗にこれに対して爬羅剔抉の狂闘をつづけたことが、とりもなおさず彼の精神史的座標を決するのであり、端的にいえば彼をキリスト教の歴史に属せしめるのである。

ニーチェが抱いているキリスト教の本質に対する観念は、彼の時代のキリスト教、ことにワーグナーとショーペンハウアーによって決定的に与えられた視角の裡にある。現世を否定する徹底した諦念、人間意志の全的抛棄、そうしたものを目指す静寂主義《キエチスム》風のキリスト教、あるいは浪漫主義的な同苦・同情を本質とするキリスト教、ニーチェがその青年期の二人の師匠から継承した先入見的なキリスト教の原像がそれらであった。ニーチェが禁欲者パスカルをキリスト教的人間の範型と考えたことはすこぶる示唆的である。また彼がルターによる宗教改革の意義をほとんど把握していないことも特徴的である(これらの点については他の機会に私は述べるところがあった。拙稿「能動的ニヒリズムの問題」「パスカルとニーチェ」その他)。

しかしニーチェのキリスト教に対する態度がもっとも積極的に広汎に展開されたのは『アンチクリスト』においてであり、それと重複した内容を持つ『力への意志』の断章一五八以下「キリスト教の歴史のために」をこれと併せ読むことができる。この冒瀆的な反キリスト教的無神論的述作は、敬虔な読者が手にすることを潔しとしないものかもしれない。しかしニーチェのすべての著書について大体いえるように、この書もそれだけ切離して読まれるべきものではあるまい。もしわれわれがニーチェ的思想の姿態とその矛盾を恐れぬ弁証法への予備的理解のもとに、一歩踏み込んで読むなら、かかる瀆神的言説の蔭にも、ニーチェの宗教的個性が参差錯絡たる趣きを呈しているのを見るであろう。この場合いわばニーチェの鬼面に嚇されないために、われわれはニーチェが依拠する実証主義的な諸概念や心理学的生理学的社会学的な現実分析が、結局彼の破壊的方法として駆使されていて、ニーチェ的思惟の本質はむしろそれらを超えたところにあることを忘れないようにしなければならない。彼の個性的な根本思想はどの主題をとっても、その結論的形態において実証主義的限界を超越している。彼が強調する「地の意味」あるいは「背後世界の否定」なりが必然的に実証主義的対象ないし視野との一致を招来するとしても、ニーチェの思想がそうしたものに価値を賦与する反抗的情熱は実証主義の全然知らぬものである。ニーチェの実証主義的な見解や主張を文字通りにうけてこれに個別科学的批判を加えている限り、われわれはニーチェ的思惟の固有な運動に全然ついてゆくことができないという矛盾した結果に陥ってしまう。

これらの点に留意し、われわれはしばらくニーチェのキリスト教観を『アンチクリスト』その他を中心に追躡してみたいと思う。

「ニーチェ自身――驚嘆すべき事態――イエスの前に停止した」とヤスパースも指摘している(ヤスパース『ニーチェ』二〇頁)。ニーチェのイエスに対する関係は一義的には規定できないように思うけれども、そのキリスト教の起源への考察においてイエスが截然として独自の地位に遊離されていることは注目すべきことである。要約すれば、ニーチェはイエスとその弟子たち、なかんずくパウロとの間に明瞭な一線を画するのであって、彼の敵意はこの使徒パウロにこそ集中されるが、イエスには全く向けられていない。福音書そのものが作為的な意図のもとに構成されていて、イエスの真の姿は歪曲されているとニーチェは見る。そして「教会」の概念のごときはイエスの知らなかったものであるとする。われわれはいまはこれらの問題を原理批判的に取上げるよりも、ニーチェの描くところに忠実に添いゆくことを念としなければならないが、たとえば次の一文のごときおのずからキルケゴールが書いたといっても通るようなものではないであろうか。

　われわれは歴史的現実としてのキリスト教を、その名が想い起させるかの一つの根源と取違えてはならない。キリスト教は他のいくつもの根源からも由来し、それらはずっと強力であった。「キリスト教会」とか「キリスト教的信仰」とか「キリスト教的生活」とか呼ばれるような頽落の形成物や畸形物の類が、かの聖なる名を称するのは、無類の濫用である。キリストは何を否定したか、——今日キリスト教的と呼ばれる一切を。(『力への意志』一五八)

あるいは

　教会は、近代国家や近代的国民主義と同様に、反キリスト教的なものの勝利に属する。(同、二一二)

しかしニーチェはキルケゴールのごとく原始キリスト教に復帰し、これを「反復」しようとするのではなかったことはいうまでもない。彼の分析の方向を見失わぬようにしよう。

「ナザレのイエスの名を冠せられた小さな叛乱の運動は、ふたたびユダヤの本能である」(『アンチクリスト』二七)と彼はいう。その意味はこうである。キリスト教はユダヤ教の地盤に成立した。ユダヤ民族、この「聖なる民族」は、僧侶的価値のみを認識した。この民族は僧侶的価値以外の、なお地上の

> ちからとして存するものを、「聖ならざるもの」「世」「罪」として自己から区別した。一切の自然、自然価値、およそレアールなものすべてが自己の深い本能に反するのを感じた。この民族が自己の本能に対して最後の公式を生みだすとすれば、それは論理的に自己否定に至るものでなければならない。それがキリスト教である。それは「聖なる民族」「選ばれし民」すなわちユダヤ民族の現実態《レアリテート》そのものをも否定した。だからナザレのイエスの名を冠せられた小さな叛乱運動は、現実態としての僧侶に堪えられないところの僧侶的本能であり、教会の組織が規定するよりも一層抽象された存在形式の発明、一層非現実的な世界のヴィジョンの発明である。その意味でもキリスト教は教会を否定するものでなければならない。
>
> 私には、イエスがその首謀者と解されあるいは誤解された叛乱が、何を目標としているのかわからない。それがユダヤの教会に対する叛乱でないならば。——まさしくわれわれが今日その言葉を解するその意味で取っての「教会」に。それは「善にして義なるもの」に対する、「イスラエルの聖者」に対する、社会の階統制《ヒエラルヒー》に対する叛乱であって、——その堕落に対するのではなく、階層《カステ》に、特権に、秩序に、方式《フォルメル》に対する叛乱であった。それは「高級な人間」に対する不信であった。僧侶と神学者なる一切に対して発せられた否であった。(同、二七)

ニーチェはルナンのイエス像に反対して次のようにいう。ルナンはイエスの性格の説明に二つの不適切きわまる概念を提出した。天才の概念と、英雄の概念である。およそ非福音書的なものがあるとすれば、それは英雄の概念である。福音書では、一切のたたかい、一切の戦意に対する反対がモラルになるのである(「悪に逆らうな！」福音書のもっとも深い言葉。ある意味でその鑰《かぎ》)。平和における、柔和における、敵対しあたわざることにおける浄福。「福音」とは何か。それは約束にあらず、それはここにある。汝らのうちにある。純粋の愛そのものの裡における生として。各人が神の子である。イエスは何物も自己独占しようとしない。神の子として各人が各人と平等である……。そのイエスを「英雄」とするルナンは心理的事象における道化にすぎないとニーチェはいう。しかしかく語るニーチェみずからはイエス像を模索して、ドストエフスキーの小説『白痴』の主人公を想い浮べたようである。ホーフミラーによれば、現行の『アンチクリスト』の中で、イエスを指してニーチェが白痴と書いた語は編集者の顧慮で除かれているそうである。しかしニーチェが「白痴」というのはムイシュキン公爵を考えているのである。彼は「生理学者のきびしさをもって」考えようとする。そして「われわれは触覚の病的鋭敏の状態を知る。それはあらゆる固い対象の接触や把握に脅えてしりごみする。そのような生理的な habitus を、最後の帰結に移してみるといい」という。すなわち、かかる生理学的タイプの極限として、およそ一切の現実態《レアリテート》に対する本能的憎悪から、そうしたものを超えた単なる「内部の」「真の」「永遠の」世界への親近感が生ずるとする。また苦痛や刺戟に対する極度の鋭敏さの結果、すべての嫌悪や敵意の排除、およそ感情の中の一切の限界と距離の本能的排除が生じ、浄福(快楽)を、もはや何びとにも、また災にも、悪にも、抵抗しないという点にのみ知る——唯一の最後の「可能性」としての愛への到達。これがニーチェが生理学的病的タイプとして描くイエス像である(同、一一九、三〇)。そして病的ということはわれわれが先に見たように、ニーチェにあっては、格別誹謗の意味を持っていないのである。しかしニーチェによれば、以上のようなイエス像が福音書ではすでに歪曲されている。イエスの活動した環境と最初のキリスト教の共同体の歴史と運命がイエス像を変形させた。そこから逆作用的にイエスの性格に付加された諸特徴は、教会が開始した戦闘と宣伝の目的としてのみ始めて理解されるものである。「福音書がわれわれを導きいれるあの奇妙な病的な世界——社会の屑、神経病、そして「子供のような」白痴性が相会しているように見える、ロシアの小説にでもありそうな世界——は、どうみてもかのイエスのタイプを粗雑化したに相違ない」とニーチェはいう。特に最初の弟子たちはこの全く象徴と不明確性の中に漂っているイエスの生を、何とか理解しようとして特有な未熟さの中に翻訳した。

惜しむらくは、ドストエフスキーのような人間が、このもっとも興味ある頽落者の近くにいなかったことだ。すなわちそのような崇高と病性と子供らしさの混淆を感じ得るような何びとかが。(同、三一)

この賓辞によってもニーチェがムイシュキン公爵を想い浮べていることが察せられる。このような救世主の性格の中に狂信者をいれることにニーチェは反対する。ルナンが使う impérieux という言葉がそれだけでもう性格を毀してしまう。「よき音信」はまさにそこになんらの対立ももはや存しないということである。天国は子供たちに属する。ここに語られる信仰は、なんら戦い取られた信仰ではない。それははじめから在る。それはいわば精神の中に実現された子供のごときものである。かかる信仰は怒らない、咎めない、抵抗しない、それは剣を持来さない。それは一般に区別することを知らない。それは自己証明しない——奇蹟によっても、報いや約束によっても、また「録されたる」が故をもっても。それ自身がすべての瞬間においてその奇蹟、その報い、その証明、その「神の国」である。この信仰はまた自己を公式化しない、——この信仰は生きる。それは「生」である。されば福音書の言葉は単に象徴として、譬喩への機会、として取られるべきものである。固定した概念では決してない。イエスのみ知っている生の経験は、あらゆるたぐいの言葉・公式・法則・信仰・教義に逆らう。彼は単に最内奥のものについてのみ語る。「生」あるいは「真理」あるいは「光」は彼の最内奥のものに対する言葉である。すべての他のもの、すべての現実態、すべての自然、言葉そのものは、彼にとって単に記号の価値、譬喩の価値をもつにすぎない。この点を絶対に摑み損ってはならぬ、とニーチェはいう。そのような象徴主義は、すべての宗教、すべての礼拝概念、すべての歴史、すべての自然科学、すべての世界経験、すべての知識、すべての政治、すべての心理学、すべての本、すべての芸術の外にある。イエスの「知」はまさにおよそそれらのものが存在するということに対する純粋な痴愚である。文化を彼は噂にも知らなかった。彼はそのようなものとの戦いを必要としない。彼はそれを否定しない。同じことが国家についてもいえる。一切の市民秩序と社会について、労働について、戦争についていえる。彼は「世」を否定する何の根拠も持たぬ。彼は教会的な「世」という概念をまったく知らなかった。否定がまさに彼にはまったく不可能であった。同様に弁証論が欠けている。一つの信仰なり一つの「真理」なりが根拠によって証明されるという観念が欠けている。「彼の証明は内的な「光」、内的な快楽感と自己肯定、「力の証明」ばかりだ」(同、三二)。ニーチェのイエス像がかくのごときものとすれば、この絶対肯定的なものはニーチェのディオニュソス的肯定とある意味で類似するように思われる。彼が「十字架に掛けられたもの対ディオニュソス」という方式を提出するとき、この前者はむしろ教会的概念のイエスを指しているといえるであろう。このようにイエスを見るニーチェはさらに続けていう。「福音」の全心理学には負目と罰の概念が欠けている。また報いの観念がない。「原罪」——神と人間との間のあらゆる距りの感情が除かれたということこそまさに「悦ばしき音信」である。浄福は約束ではない。それは条件に結びつけられていない。反対にそれが唯一の現実態としてある。——このような状態の結果として、キリスト者は一つの新しい実践・行動の中に移される。「信仰」が彼を他から分つというのではない。彼が、彼に悪意を抱くものに対して、言葉によっても、また心の中でも抵抗しないということ、彼が外国人と自国人、ユダヤ人と非ユダヤ人の区別をしないということ。彼が何びとに対しても怒らず、何びとをも軽蔑しないこと。法廷に訴えもせず、証人ともならぬ(「誓うな!」)こと。彼がいかなる事情のもとにあっても、妻の明白な不貞の場合にも、その妻を去らぬこと、——すべてが究極において一つの定理であり、一つの本能的結果である。イエスの生活がこの実行以外の何ものでもない。彼の死もそれ以外の何ものでもない。彼は神との交わりに何の方式、何の儀式をももはや必要としない——祈りさえも。イエスは贖いと宥和のユダヤ的教義を清算した。イエスは、人が自らを「神的」に「浄福」の裡に、「福音的」に、つねに「神の子」として感ずるためには、ただ実行によることを知る。神への道は「贖い」でなく「赦しを求める祈り」でなく、福音的な実行のみが神にいたる。それがまさにすでに「神」なのだ!　(同、二二三)

私がこの偉大な象徴主義者の何らかを理解するなら、それは彼がただ内的な現実態《レアリテート》を現実態《レアリテート》として

「真理」として取ったということである。彼が残余のもの、すべての自然的なもの、時間的なもの、空間的なもの、歴史的なものを単に記号として、譬喩への機会として理解したということである。——人の子の概念は具体的な人物ではなくて永遠の事実、時間概念から救われた心理的象徴である。(同、三四)

されば「天国」は心の状態であった。超地上的な、あるいは死後のものではない。「神の国」は人が待ち設ける何ものでもない。それは昨日も、明後日も持たない。それは「一千年」にして来るものでもない。それは心の経験である。それはいたるところにある。それはどこにもない……(同、三四)。

このイエスは彼が生けるがごとく、彼が教えしがごとく死んだ。人間を救済するためではなくて、いかに生くべきかを示すために。彼が人類に残したのは実行である。彼の裁判官に対する、捕吏に対する、告発者に対する、あらゆる誹謗と嘲弄に対する態度、十字架における態度。彼は逆らわぬ。権利を擁護しない。最悪をわが身から却ける何の処置も講じない。むしろそれを引きだす。そして彼は歎願し、悩み、彼に悪を加えるものとともに、彼等の中にあって、愛する……。身を護らず、怒らず、責任を負わしめず、悪に抵抗せず、これを愛する……(同、三五)。ニーチェの最後の思想の一つである「運命愛」となんとそれは似ていることであろう。『この人を見よ』におけるその表現まで似ている。何か不思議な気がする位である。

しかるに人々は福音の反対から教会を築いた。人々が福音の根源であり意味であり正しさであったものの反対であるものの前に跪いていること、人々が「教会」の概念のうちにイエスが自らの下に、自らの後に感じたそのものを神聖と宣したこと――これより大きな世界史的イロニーは求むべくもない(同、三六)。すでに「キリスト教」という言葉が誤解である、――本当はただ一人のキリスト教徒しかいなかった。そしてその人は十字架で死んだ。「福音」は十字架で死んだ。この瞬間から「福音」と称するものはすでに彼が身をもって生きたものの反対である。「キリスト教はその創設者が行為しまた欲したものとは、根本的に別なものとなった」(『力への意志』一九五)。この教会は「悪しき音信」――災音(Disangelium)である。人が「信仰」のうちに、キリストによる救済の信仰のうちに、キリスト教徒たるしるしを見るなら誤謬である。単にキリスト教的な実行、十字架で死んだ人が身をもって生きたような生がキリスト教的である。……そして今日なおそのような生は可能である。ある種の人々にとっては不可欠である。真正の根源的なキリスト教はすべての時代にわたって可能であるだろう(『アンチクリスト』三九)――換言すれば、ニーチェの反対するキリスト教は、真正の根源的なキリスト教、イエスのキリスト教ではないことになる!

「福音」の宿命は十字架の死をもって決した。この思いがけぬ汚辱の死、極悪人の処刑である十字架の死、この恐るべき逆説が弟子たちに謎の問をつきつけた。「あれは誰だったたか」と。ゆすぶられ、奥の奥まで侮辱された感情、かかる死は彼等の信念の反駁ではないかという惑い。「なんだってこんなことが」という恐ろしい疑問符。その解決は容易に察知される。すなわち――こうしたすべてが必然の意味を持たなければならなかった。意味、理性、それも最高の理性で辻褄があわされなければならなかった。およそ弟子たるものの愛情は偶然を認めない。いまやはじめて深淵が口をあけた。「誰が彼を殺したか。誰が彼の本来の敵であったか」――この問が電光のごとく閃いた。解答、――支配的なユダヤ教、その支持者たる最高の社会階級。彼らはこの瞬間から秩序に反抗する叛乱の中にあった。彼らは事後的にイエスを秩序に逆らう叛乱の裡にあるものとして理解した。この時までこの戦闘的な、この否《ナイン》といい、否《ナイン》を行う性格がイエスにはなかった。いなむしろその反対であった。あきらかに小さな教団はまさに主要点を理解していなかった。このように死ぬというイエスの垂範を。あらゆるルサンティマンの感情を超えた優越を。彼らがイエスを解することといかに少かりしかという証拠である！　元来イエスは彼の死をもって彼の教えの公然たる実行と証明たらしめる以外のなにものも欲し得なかったのだ。しかるに彼の弟子たちにとってこんな死をゆるすなどとは及びもつかぬことだった。ゆるすということ、これこそ最高の意味で福音的であっただろうに。あるいはみずからをも同様な死に、おだやかなやさしい心の平静さをもって差出すということさえも……。ところがもっとも非福音的な感情たる復讐感が表面に出てきた。死だけではすまず「報い」「裁き」のような非福音的なものが必要になった。ふたたびメシアという通俗な期待が前景に出てきた。歴史的な瞬間の到来「神の国」が彼の敵の上へ裁きとして来る――これによって一切が誤解されたのだ。最後の大詰の幕としての「神の国」というような観念！　しかるにイエスの福音はまさに現存在のことであり、成就そのものであり、「神の国」の現実ではなかったか。こうしてはじめてパリサイや学者達に対する軽蔑と憤激がイエス像の中に持ち込まれ、――それによってイエスが一個のパリサイや学者にされた。他面この支離滅裂に陥った弟子たちの兇暴な尊敬心が、イエスの教えた、かの福音的な、各人を神の子たらしめる平等権に、もはや堪えられなくなった。そこで彼らの復讐感がイエスを高みに押しあげ、自分たちから引き離した。かつてユダヤ人が彼らの敵に対する復讐感から彼らの神を自身から引離して高みにのぼせたのと全く同様に。ただひとりの神とただひとりの神の子、どちらもルサンティマンの産物である、とニーチェは宣する。そこでいまや荒唐な問題が生れてきた。「いかにして神はかかることをゆるし得たか」。これに対して小さな教団の錯乱した理性はまさに恐るべく荒唐な解答を見出した。神はその息子を罪のゆるしに犠牲として与えた。まさに福音の終焉である！　負目の犠牲《いけにえ》、しかもその最も嫌悪すべき野蛮な形式で。負目なきものが負目あるものの罪のためにする犠牲！　何という戦慄すべき異教主義！　イエスは実に負目の概念そのものを取除いたのではないか。イエスは神と人間の間のすべての裂目を否定した。彼はこの神と人間の統一を彼の「福音」として生きた。しかも特権としてではなく。いまや審判と再来の教説、犠牲の死の教説、復活の教説、そうしたものがイエスの性格の中にはいってきて、それによって「浄福」の全概念、福音の唯一全体の現実態《レアリテート》がごまかされてしまった、――死の後の状態のために！

こういう一切の責任を負うべきものはパウロである。ニーチェのキリスト教攻撃の目標はいままで見たように、まったくイエスではなく、パウロである。パウロによってキリスト教は完全に性格を転倒せしめられた、と見るのである。パウロによって重点が「あの世」に移った。彼は、彼をあらゆる点で特徴づけるかのラビ的な厚かましさでそれを論理づけた。「キリスト死人のうちより復活せざれば、われらの信仰は空し」と。こうして個人の不死という厚顔無恥な教説が彼によって導きいれられたとニーチェはいう。

かくて「悦ばしき音信」に踵を接してもっとも悪しき音信が来た。パウロがそれである。パウロの中に福音の人イエスの反対のタイプが具現している。憎悪の天才、憎悪のヴィジョンの天才。憎悪の仮借なき論理の天才が。この「災音の使徒」がその憎悪の犠牲としなかったものがあろうか。何よりもイエスを。彼はイエスを自分の十字架に打ちつけたのだ。イエスによる「福音」の中で、この贋金つくりが憎悪から理解しなかったものはもはや姿を消し、憎悪から理解したものだけが彼の用い得たものだ。ここにユダヤ人の僧侶的本能が再び歴史に対して大きな犯罪を犯した。パウロはキリスト教の昨日、一昨日を簡単に抹殺した。パウロは原始キリスト教の歴史を発明した。それだけでなく、パウロはイスラエルの歴史を贋造し、彼の行為に対する先史とした。そのすべての預言者たちは彼の「救済者」について語ったのだという——。教会は後には人類の歴史さえもキリスト教の先史に贋造した、——イエスの性格、教説、実行、死、死の意味、死後までも。なに一つとして手をふれられなかったものはない。すべて歪曲された。パウロはかの現存在全体の重心をその背後に、——すなわち復活したイエスという虚偽へ——移した。究極において彼はイエスの生をまったく必要としなかった、——彼は十字架の死が必要であった。あるいはそれ以上の何かが。彼の欲求は力であったのだ。パウロとともにふたたび僧侶が権力に到達しようと欲した(同、四〇、四一、四二)。

かくてニーチェが攻撃するキリスト教——生の価値を飽くまで否定し、「地の意味」を見ず、理性を貶下し、肉体を蔑視し、性衝動を悪魔視し、アスケーゼに神的光栄を纏わせ、彼岸性に絶対的帰依を強い、強大な彼岸の審判者の脅威をもって臨むキリスト教は、パウロによって世界歴史に災禍のごとく登場してきた。タキトゥスによれば、皇帝ネロのもとに初期キリスト教徒たちは、「人類に対する憎悪」として罪状確認されたという。ニーチェはこの句を引いて、キリスト教の本質的な形姿を捉えるとするのである(『曙光』六三、『道徳の系譜』一―一六参照)。比類なく強く高貴な人間性を形成した古代ローマ人に対抗したこのユダヤ人キリスト教徒たちは、ルサンティマン par excellence の僧侶的種族であり、その勝利によってギリシア・ローマの光輝ある古代文化を一挙に破壊し滅亡せしめ、人間を非自然化する倒錯的な価値設定、デカダンス道徳の樹立に成功したと考えられる。ルネサンスはこの古代的人間性を再び取戻し、キリスト教に止めを刺そうとした試みであったが、それをまた宗教改革が反動的に阻止した。そこで現代は徒らに終焉を遷延せしめられたキリスト教が世俗化され微温化され、その自己欺瞞的な形態においてもっとも耐えがたい腐敗的なものとなった。ニーチェは二千年来の人類の歴史を回顧するとき、まるで気違い病院の中を通るような思いがする、しかし自分は過去には寛大だという。いまさら人類に対してその誤謬を咎め病的責任を問うまでもない。自分が現在の時代で堪えられないのは虚偽的な一切が自覚的になって、しかも人々が平気でこの真価を失った「貨幣贋造」を継続し容認しているところにあるという。人々は「彼岸」「最後の審判」というような自身嘘と知っている嘘を恬然として口にしているが、そこにはもうかの初期キリスト教徒が「十字架に掛けられた神」という恐るべき逆説の中に感じた「戦慄的・最高級的なもの」などは影も形もなくなったと見るのである(『アンチクリスト』一八、『善悪の彼岸』四六)――。すなわち彼の要約的表現である「神は死んだ」時代が来たのである。現代はかくしてニヒリズムの世紀――人類に価値と目標、《wozu》と《wofür》を設定すべき究極の統一者が失われた時代に突入するであろう、とニーチェは見たのであった。彼の後期の根本思想、——超人、永遠回帰、価値倒換、運命への愛、ディオニュソス的肯定等の標語や方式で指示される凡ての決定的思想内容は、この「神は死んだ」という一つの根源から流発していると見ることができる。「次のヨーロッパの戦争の後、人は私を理解するだろう」とニーチェは予言した。彼の描いたニヒリズムの構図は、二十世紀の現実的相貌として具現しつつあるように見える。

三

ニーチェのキリスト教的本質に対する要求には、以上見たような固有なきびしさがある。これはショーペンハウアーとワーグナーから継承した視角の故でもあり、またニーチェその人の内的素質からも来り、また時代の宗教的状況の重圧と不明瞭性の影響もある。ニーチェが敬虔なキリスト者に対して抱いていた親愛と敬意は、『ツァラトゥストラ』其他からも窺われ、また書簡や周囲の人々の伝えるところでもある。そしてまた「キリスト教はしかし私がほんとうに味わった理想的生活のもっとも善きものです。子供のときから、私はその多くの隅々まで究めました。そして私は私の心の中で一度もキリスト教に対して陋劣であったことはなかったと信じます」(ペーター・ガスト宛、一八八一年)という心情の持主でニーチェはあった。しかし、彼の抱くキリスト教のあるべき姿のきびしさ——それはある意味でキルケゴールのそれと共通である——に照らしては、彼の時代のキリスト教は衰頽と虚偽の形式でしかなかった。真に活動的な人間は現代では内面的にキリスト教なしでやっている、とニーチェはいう。それほどでなくて、より静観的な精神的中産階級の人々は、修正された、つまり不思議なほど単純化されたキリスト教をもっているだけである。「すべてのことが究極において我々の最善となるように愛をもって予定する神、我々に対して徳や幸福を与えたり奪ったりして、全般から見て恒に正義と善が行われ、人生を苦痛と考えたりこれを悲嘆したりする理由が一つもないようにはからう神、これを要するに神性にまで高められた諦めと謙遜――これがキリスト教の中でいまなお残っている最も善く潑溂たる部分である。だが我々はキリスト教がこうして穏和な道徳主義に転化したことを看取しなければならない。「神・自由・不死」は残らないで、好意と良正な心術と、宇宙万有においても好意と良正な心術が支配するだろうという信仰が残った。――これはキリスト教の安死術だ」とニーチェはいう(『曙光』九二)。キリスト教の本来的な戦慄的逆説は失われて、市民道徳への頽落が行われた。道徳的な世界解釈、あるいは歴史における理性＝神の信仰、そうしたものが暫く人類をいい気にさせておくが、真の神はすでに死んだのであって、現代はその残っている「神の影」(『悦ばしき知識』一〇八)の中で呼吸しているにすぎない。ニーチェは、時代のヒューマニズムもイデアリズムもその宗教的な根基から切離されているのを見るのである。『ツァラトゥストラ』の第四部「驢馬祭」で次のようにいうのは、イデアリスム哲学の頂点たるヘーゲルを指しているのである。――「「神は精神である」といったもの――そのものは、地上にこれまでなかった最大の歩みと跳躍を無信仰にむかって為したものである。そのような言葉は地上では容易に取返しがつかないものだ」と。ヘーゲルの神学的哲学は結局「真正の無神論への最後の遷延」であったにすぎず、フォイエルバッハやマルクスの動向を生みだす契機であった。この時代の宗教的動揺あるいは反宗教性はそのような一連の思想家の系譜に見られると同時に、シュトルムやケラーのような作家たちの内面生活にも明瞭にあらわれている。こういう思想家たちの中で、徹底した「反キリスト」として出現したニーチェは、却って「彼が感じていた以上にキリスト教に近づいていた」(ジンメル)といえるのではなかろうか。彼の思想の基底はキリスト教的な質容を離して到底考えられぬものである。神人のかわりにディオニュソスを、時と永遠の問題の代りにその無神論的解決としての永遠回帰を――(ヤスパースはニーチェがなぜ「無限」というかわりに依然「永遠」というかと設問する)――、行いによらざる恩寵の代りに「善悪の彼岸」(それはルター的な「律法からの自由」を思わせる――カール・ホル)を置くニーチェ、この精神は遂にかかる対決的構想の裡に消尽されたのであった。

彼の最後の自己主張を始めに引用したのに対し、彼がまだ十八歳のときに物した小論文の一部を挙げて結びとしよう。そこにはこの自己省察がすでに自己の将来に対して抱いた不気味なほど確かな見通しと決意が語られている。

私は何もかも否定してみようと思った。破壊は易く、建設は難しい――しかし破壊さえも、実は易しく見えるだけだ。我々は幼年時代の印象、両親や教育の影響などで奥の奥底まで規定されているから、かの深く根を張った先入見は決して理性根拠や単なる意志などでわけなく掘り起されるようなものではない。習慣の威力、高いものを目ざす欲求、既存的な一切のものとの絶縁、すべての社会形式の解体、二千年間がすでに人類を幻影で欺瞞して来たのではないかという疑惑、自分の不遜と向う見ずの感情、こういうすべてが梟《けり》のつかない戦をつづけ、遂には悲痛な経験と、悲しい事件が、われわれの心をふたたび古い幼年時の信仰につれもどす。

しかしニーチェは「古い幼年時の信仰につれもどされ」はしなかった。彼はむしろ狂気を選んだのであった。それは彼の「誠実」と「勇気」の結論以外のものでなかった。そしてそれこそ却ってこの反キリスト者を深くヨーロッパの神的中心に結びつけるもののように思われる。

「およそ哲学は私の要求する次のことができなければならない、――即ち人間を集中する《コンツェントリーレン》こと。――しかし今はどの哲学もそれができない」(遺稿)。ニーチェ哲学の発展過程は、人間形成の最後の条件が宗教であることを証左している。

パスカルとニーチェ

ニーチェとドストエフスキー、あるいはニーチェとスタンダールの精神的関係については、割合にわが国にも知られているようであるが、ニーチェとパスカルの関係については、ほとんど顧みられていない。パスカルとニーチェを結びつけて考察するという企図のごときは、あるいは単に勝手な選択にもとづくもののように解されるかもしれない。しかしおそらくニーチェの精神裡においてパスカルの姿象が占めた意味は、スタンダールやドストエフスキーのそれに劣らない。いなむしろより深い省察を必要とする内実に根ざしていると思われる。

ニーチェが発狂して、その思索活動が終止するにいたった前の年、一八八八年の十一月二十日付の手紙で、ニーチェはブランデスにこう書いている。

私はドストエフスキーについてのあなたのお言葉を無条件に信用します。私はドストエフスキーに対して奇妙な仕方で感謝の念を抱くものです。私の最内奥の本能には彼はいつもすこぶる逆らうのですが。パスカルに対する私の関係もだいたい同様です。私はパスカルをほとんど愛しています。なぜなら彼は無限に私を教えてくれたからです。この唯一の論理的なキリスト者は。

かの類例のない自己主張の書『この人を見よ』も同じ年に書かれたものであるが、その中でも彼はパスカルに触れている。

> ……私はパスカルを読まないで愛する。キリスト教によって、最初には肉体的に、つぎには心理的に、徐々に殺害された、もっとも教えるところの多い犠牲者として。非人間的な残忍性の、この身の毛もよだつ形式の論理全体を愛する。(Nietzsches Groß- od. Kleinoktavausgabe XV, S. 34. 引用の傍点は原文 Sperrdruck の部分)

ニーチェの著作を読むと、そこにはほとんど常に仮借ない攻撃を浴びせられている相手、いわば宿敵ともいうべき人物が存在する。たとえばパウロとかルソーとかであり、ルターもほとんど好感をもたれていない。これに反して、大体において彼の執拗な批判と分析をいつも受けているので、まず敵側というべく、味方とは思えないが、しかもニーチェが折にふれて強い親近感を告白している若干の存在がある。たとえばプラトンであり、パスカルである。プラトンやパスカルは、ニーチェが終始変ることなく嘆賞の意味で名を挙げている少数の先覚とならんで、時にはその精神的系譜の中にさえ数えいれられている。

> プラトンやパスカルやスピノザやゲーテについていうなら、私は彼らの血が私の血の中をめぐっていることを知っている。(XII, S. 217)

ここで注目すべきことは、この他にもニーチェが自分の精神的祖先の名を挙げている場合があるが、キリスト者としては唯ひとりパスカルだけだということである(イエスその人はいま問題外とする)。遺稿のある箇所で、「我々はキリスト教のごとき考え方に対しては、理想的な、まったくその目的のためにつくられた人物、たとえばパスカルのごときを考えなければならない。なぜなら通常の人間にとってはいつも単に代用キリスト教があるばかりなのだから」(XIII, S. 306)とニーチェが言っているのは、彼がパスカルをいわばキリスト教的人間の範型と見ていることをよく語っている。彼がパスカルを「すべてのキリスト者中の第一人者」と呼んだことは、三木清『パスカルにおける人間の研究』にも挙げられている。ニーチェの取組んだ問題が、何といっても、ヨーロッパのキリスト教を中軸として廻転していることは否定できないから、その意味でニーチェの思想体系におけるパスカルの意義は非常に大きいのである。

しかも従来ニーチェにおけるパスカルの問題はヨーロッパでもまだ精しい検討がなされていないようであり、両者を比較対照した文献もきわめて少く、筆者の寓目し得たのは Elise Lohmann 女史の Pascal und Nietzsche(Erlanger Diss., 1917)ぐらいなもので、主要なニーチェ研究者たとえばヤスパース、ベルトラム、ボイムラー等の労作にしても、ニーチェにおけるパスカルの意義を殆ど問題として表面化していない。本稿では、ニーチェにおけるパスカル像の輪郭を窺い、両者を結ぶものについて若干の考察を試みたいと思うのである。(補記参照)

ある時のニーチェの意見によると、一般にある頭脳が生来どれほど精緻か、それとも薄弱であるかを測るためには、それがどんな風にその敵の意見を把握して、これを再現するかという点を観察すればよいい。真の智者は無意識裡に、彼の敵を理想に高め、敵の反対意見をその一切の汚点や偶然から解放する。それによって彼の敵が燦然たる武器をもった神となったとき始めて、彼は敵に対して戦うのだそうである。(Vgl. IV, S. 298)

ニーチェのパスカルに対する関係にも、そういう敵を理想に高め、それに対して戦を挑むというものが見られるともいえる。大体ニーチェという人は過去の偉大な哲学者を学問的厳密性をもって周到に研究したなどということは、殆どなく、その大多数を他人の引用や研究を通して、いわば aus zweiter Hand で、しかも恐るべき直観で把握してしまうという勉強方法の持主であるから(Vgl. Jaspers, Niet-zsche. S. 26)、彼がパスカルを中々よく読んでいることは察せられるが、そのいかなる述作を、いかなる版で読んだかは明らかでなく、況んや当時における最上の版であるヴィネ版を選んで、考証的な良心を働かせて読むなどとはとても考えられず、彼の最も初期の未完成の著作『ギリシア悲劇時代の哲学』のある箇所のごときは、既にパスカルの名が挙げられていながら、彼がパスカルを原文でなく、当時行われた独訳の抜萃版で読んだと思わせるものがある(Vgl. E. Lohmann, a. a. O., S. 18)。だからそういう意味でもニーチェが敵を理想的に造型するということは、容易に起り得るわけである。

さきに挙げたパスカルを「すべてのキリスト者中の第一人者」と呼んだという句は、ニーチェの中期の作品『曙光』の中のアフォリズムから抜かれたものである。その前後を原文にあたって読んで見ると、「……そこ(フランス)には灼熱《グルート》と精神《ガイスト》と誠実《レートリヒカイト》の結合において、すべてのキリスト者中の第一人者なるパスカルがいる、――そしてここに結合を見たものを考えて見るがいい云々」(IV, S. 182)とあって無限定にキリスト者中の第一人者といったのではないともいえるが、しかしさらに考えてみると、このアフォリズムでニーチェは、世界中で最もキリスト的な国民はフランス人であるといい、それは一般大衆の信仰の念が他の国民に優っているという意味ではなく、最も困難と思われるキリスト教的理想が、単なる観念や端緒や生半可で終るということなく、人間として具現されるに至ったという意味であるとして、その実例に、第一にパスカルを挙げ、それに続いてフェヌロンやギイヨン夫人やトラピスト修道院の創設者やユグノーやポール・ロワイヤルを挙げているのであるが、この場合我々が一層注意してみるなら、ニーチェがパスカルに帰している「灼熱」と「精神」と「誠実」は、外ならぬニーチェその人の特徴的性格でもあることに気づかざるを得ない。慥かに彼は自分の精神的武器を敵に貸与しているのである。ことにこの『曙光』の段階におけるニーチェの思想的発展を顧慮するとき、これらの言葉の意味するものは一層深くなると思う。いったいこの『曙光』と、遂に生前に纏められなかった『力への意志』とはパスカルの名が最も多く見られる述作であるが、ことにこの『曙光』はパスカルの、なかんずくその『パンセ』の直接の影響のある作品である。そこにはパスカルの名は十箇所もでてくるが、それ以外にパスカルその人あるいはその思想を暗に対象にし『パンセ』のある断章と符節をあわすようなものが相当ある。有体に語って私はこの『曙光』の拙訳を試みた後に、『パンセ』を読んであまりにも類似的な主題が多いのに驚き、その予備知識なかりしを悔むとともに、ニーチェとパスカルの関係に興味を抱くに至ったものである。

「灼熱《グルート》」という言葉はやや茫漠としているが、それは『曙光』で Leidenschaft とか Affekt とか geistige Krämpfe とかいう表現で取扱われているものと内容的に軌を一にすると思う。そしてニーチェが「異れる隣人愛」と題するアフォリズムで、「興奮した、騒々しい、移り気な、神経質な人間は、大きな情熱の反対である。大きな情熱は、静かな暗い灼熱《グルート》のように内部にあって、そこにすべての熱を集めつつ、人間をして外面的には冷たく無頓着に見えさせ、その顔付に一種の無感覚を印せしめる……」(IV, S. 316)と書いているとき、私はパスカルの風貌が浮んでくるのを禁ずることができない。また同時にこのグルートという言葉によって、„Ja! ich weiß, woher ich stamme! /Ungesättigt gleich der Flamme/ glühe und verzehr' ich mich/……“(V, S. 30)というパトスそのもののような詩における glühen するニーチェの精神像を想わずにはいられない。「精神《ガイスト》」も多義的ではあるが、ニーチェが学問・認識に対して信頼を寄せている実証主義的ともいえる中間期、この La gaya scienza の時代ではそれが特別に明確な鋭さをもっていることは慥かである。「灼熱」と「精神」の相互関係については、『曙光』の中の「情熱を真理の論拠とするなかれ」(IV, S. 351)を想わされずにはいられない。この一文の仮想敵がパスカルだとは断定できないにせよ、それはパスカルを含む問題であり、実際ニーチェはパスカルを狂信的なアスケーゼの実行者とまず見ていたのである。さて「誠実《レートリヒカイト》」にいたっては、「正義《ゲレヒティッヒカイト》」の概念につらなるものとして、ニーチェ哲学における最も重要な概念の一つである。『曙光』そのものが、彼自ら解説するように、衰頽したヨーロッパ道徳の自己止揚を、この「誠実」という槓杆によって遂げようとする企図であった。この「誠実」は過去の因襲的道徳が養った唯一の貴重な遺産であり、同時に新しい成長中の徳ともいわれる。「……ソクラテスの徳の中にも、キリスト教の徳の中にも、誠実は現れぬことに注意せよ。これは最も若い徳の一つ、なお成熟に至らぬ、なおしばしば取違えられ、誤解され、またほとんどみずからの自覚にいたらぬもの――我々の心次第で育成も妨害もできる、成りつつあるものである」(IV, S. 308)。ツァラトゥストラもいう。「大衆は認識の人とかの誠実と呼ばれる最も若き徳を激しく憎悪する」(VI, S. 44)。このキリスト教道徳から切離された「誠実」をニーチェがここでパスカルに帰しているのは注目すべきことである。(なお遺稿の中の、ある箇所では、ニーチェはこの「誠実」をパスカルから取戻し、かわりに「神」を与えている(XI, S. 271))。ルターについては、仮借なくその反対がいわれているのに――。「誠実(ただしここでは Ehrlichkeit という字が使われているが)はすべての狂信家に対する大きな誘惑である。ルターのもとに悪魔もしくは美しい女の姿となって近づいて、あのように乱暴に追払われたのは、恐らく誠実であった。そして稀には、恐らく真理でさえあった」(IV, S. 334)。

「灼熱」と「精神」と「誠実」――パスカルにおいて結合を見るとせられたこれらの諸徳が、ニーチェにおいていかに特有で重要な意義をもつかを我々は見た。ニーチェは殆ど最高級の賓辞をもってパスカルを飾ったように見える。

しかしさらに一歩をすすめるために、今度は立場をかえて、飽くまでもキリスト者としてのパスカルの立場に徹してみたら、どうであろうか。明らかに主客の顚倒が生ずる。こうしたニーチェ的諸徳も、畢竟人間能力の観点とその限界を免れないから、信仰者パスカルにとっては、それらも、それ自体としては、なんら第一義的な価値をもち得ないのではなかろうか。たとえば「精神」といっても、パスカルのいう「愚かになる(stultitiam)」(Pensées, fr. 233. ed. Brunschvicg)の境地はこれを超えてゆくのである。「心情」は「幾何学的な精神」よりも「繊細な精神」よりも優位にある。すなわちこのキリスト者にとっては、神なくしては、神を中心とする秩序において、新しい光のもとに理解されるのでなくては、それらの諸徳も、またその結合も、結局のところ、「神なき人間の悲惨」(60)の段階から免れることはできない。これに対してニーチェの立場を要約して同様の方式で表現するなら、ニーチェは「神ある人間の悲惨」を見るものといえるであろう。もし神があれば我々の存在のすべての意味と価値は、神に吸収されてしまう。人間は何という影であり非実在であろうか。ニーチェの「山の湖」(V. 217)はその水が流れ去って「神」に行ってしまうために涸渇するのを恐れて、みずから堰堤を設けて、次第に水面を高めようとする。『ツァラトゥストラ』に出てくる「最醜の人」はいう(VI. 387)。神は死なければならない。神はすべてを見る眼の持主である。神は人間の秘密の深み、その隠れた恥辱と醜悪を何から何まで見る。神の同情には羞恥感がない。神は私の最も汚らしい心の隅にも這い寄ってくる。この好奇的な、厚かましい、過度の同情者に生きられては堪らない。神は絶えず私を見ている。このような目撃者、このような証人の存在に人間は耐えることができないと。こうして「最醜の人」はすすんで神の殺害者となる。ニーチェはパスカルのいわゆる「懐疑論者」でも「独断論者」でもない。また耳馴れた言葉でいうなら、人間主義者でもない。ツァラトゥストラの教義は人間を超克せよと教える。パスカルが人間主義を超えるようにニーチェも人間主義を超える。彼等の洞察は単なる人間主義者よりも深く及んでいる。ニーチェはパスカルとは反対の方向に問題を解こうとする冒険的企図であり、「実験哲学」であった。

「存在の愉悦は、危険に生きることにある」という彼は、パスカルの「賭」を自覚的に飽くまでも不利な方に賭けるかもしれない。パスカルは求心的に精進して、遂に円の中心を摑み、そこから遠心的方向に秩序を再形成した。ニーチェは中心を否定して、単に円周の上を彷徨し、無限に循環するように見える。しかし懐疑主義者とてもそのような低徊を続けるものといえる。ニーチェはモンテーニュではない。ニーチェのニヒリズムはさらに一歩をすすめて円周の外に出ようとする。円周の外に実在のアルキメデス的一点を発見し、こうしてニヒリズムそのものを克服しようとする。そこで彼は円周の上のさまざまな点に佇立して、その外側の虚無の中へ、いわば新しい価値を設定する切線を引いてみるのである。彼のそうした力量は、実にシャロンの言葉を思わせる。《……Certes il semble bien qu'il faut autant et peut-être plus de force et de roideur dâme à rebutér et résolûment se dèpouiller de l'apprehension et créance de Dieu comme á bien et constamment se tenir ferme à lui》(cf. fr. 225 et note) こうして彼は遂に永遠回帰の思想という震撼的体験に逢着し、存在に対する「肯定の最高の方式」を摑んだと信ずるにいたった。この一八八一年夏のジルヴァプラーナ湖畔におけるニーチェの体験は、かの「メモリアル」におけるパスカルの一六五四年十一月二十三日夜の回心に対して、ともに決定的「瞬間」をなしているわけである。この思想の依拠点によって、ニーチェのニヒリズムは更に積極性を加え、いわゆる能動的ニヒリズムの風格を帯びるにいたった。

しかし以上のような見方だけでは、相対的な理解にとどまり、パスカルとニーチェを結ぶものの質容に触れることができない。またパスカルをキリスト者としてこれに固定的な中心的位置を与え、そこからニーチェをただ図式的に見ているにすぎない惧れがある。ニーチェはパスカルを決して単なるキリスト者として見ているのではなくて、キリスト教的人間の範型として見ているのである。過去の数多い偉大なキリスト者の中で、パウロやアウグスティヌスやトマスやルターやカルヴィンを差置いて、彼はパスカルに特有な象徴的地位を与え、これに深い愛と同情を寄せながら、いわばキリスト教に内在する原理が具現された宿命的人物として見ているのである。この点を明瞭にするためには、もっと具体的に問題を取扱わなければならないようだ。

一般にパスカルの思想と存在を理解するのに二つの行き方があると思う。『パンセ』の解釈にあたって、人は知らず識らずそのどちらかに傾かないだろうか。すなわちその一つはパスカルをむしろ護教論者としての面でみる。強力な弁証家として見る。すなわち彼は無神論者、理神論者、自由思想家、自然的人間をゆすぶるためには、誇張的言辞をおそれない。それによって彼等の自己満足的な安定性を震蕩し、彼等が陥っている生の慰戯をあばいて、その悲惨を知らしめ、こうして不安と恐怖の自覚にみちびき、一方では愛と救済の至福を啓示して、遂に回心の方向へ誘うという、いわば説得術、——理性に対しては「論破の術」を、心情に対しては「気に入る術」を駆使する説得術の卓越した使い手、ディアレクティックの達人として見るというゆき方である。それから他方は、そうした表現を、単なる表現として見るに止まらないで、むしろパスカルの宗教的生の実践として、体験の階梯として読もうとするゆき方である。たとえば「自我は憎むべきものである」という命題にしても、パスカルが本当に自我を憎悪したという宗教的パトスをそこに汲むか、あるいは内的体験はもちろんあるにしてもむしろディアレクティックなものをそこに読むかという理解の開きがあると思う。「賭」にしてもそれが理性に迫って、理性をその能力的限界に立たせ、そこで神の存在の側に賭けさせる論証とも取れ、また一方、パスカルの自己捨身の「行」として、宗教的生に不可欠の冒険あるいは決断として見ることも可能である。もちろんこの二面は切離せないもので、真理はその両面を含んでいるであろうが、解釈はそのどちらかに重点を置くことによって大いに違ったものとなることは争えない。そうしてイデアリスム的解釈はどちらかといえば第一の面に傾き易くある。それに反して我々の問題とするニーチェは明らかに第二の面を徹底した見方を取っているのである。この立場に徹すると、パスカルは際立って宗教的パトスを帯びた苦行道的禁欲主義の信仰者となってくる。ペリエ夫人の『パスカルの生涯』で我々を愕かせ、尻込みさせるものが表面に出てくる。そして彼の病気とか懐疑とか原罪感とかアスケーゼとか彼の著しい極言的表現、ポール・ロワイヤル版が付註を必要と考えたような「自我は憎むべきもの」とか「愚かになる」とか「神なき人間の悲惨」とか「自働機械」等々が彼の自己克服の実践道として強く浮上ってくる。実際にニーチェがパスカルのたとえば「自我は憎むべきもの」という格率によって大いに焦だたせられるのは、そういう見方に徹しているからである。

> 一つの提案——もしも我々の自我が、パスカルやキリスト教に従って、つねに憎むべきものなら、どうして我々は他のものが——神にせよ人間にせよ——それを愛してくれるなどということを、かりそめにも許したり応じたりできるのだ！　愛されていて、しかも実は憎むべきものだと、——他

の不快な感情はさて置き――十分承知しているなどとは、およそ心掛の悪い話だ。――「だがこれこそまさに恵みの国なのだ」。――では君達には、君達の隣人愛は恵みなのか？　君達の同情が恵み？　ではそれが可能なら、さらに一歩前進したまえ、――君達自身を恵みとして愛したまえ、――そうすれば君達の神は全然必要でなくなる。そして人類の堕落と救済の芝居全部が君達自身の中で演じ終えられる！　(IV, S. 79)

隣人憎悪――我々が他人を、彼が自分自身を感じるそのとおりに感じるなら、――ショーペンハウアーが同苦 Mitleid と呼ぶもの、しかし Einleid, Einleidigkeit と呼べば一層正しいだろうが、――もしこの他人が、パスカルのように、自分自身を憎むべきものと見るときには、我々は彼を憎まなければならないだろう。そして実際パスカルは、大体において人間に対してそう感じたのであり、タキトゥスが教えるように、ネロのもとに、「人類に対する憎悪」と「罪状確認」された古代キリスト教もそうだった。(IV, S. 61)

『力への意志』(『曙光』においてのようにいわば人性論的にパスカルとその思想が反映しているのとは違って、『力への意志』ではパスカルはすでに類型的象徴的人物として出てくる。ここではパスカルはモラリスト的多面性を失っているが、問題としての奥行を深めている。)の中の数節で、ニーチェはかの懐疑論者《ピロニスト》の名の由来するギリシアの哲人ピロンを分析しているが、この「聡明な疲労」ピロンは、プラトンのような「理性と道徳を中心にした狂信的文化主義」に対する反定立として、ギリシア文化の爛熟期が生んだデカダンスの現象として解釈され、そこにパスカルの名の挿入されている一節がある。

……そのような末期的な繊弱化してしまった人間に対して、すべての賤しいもの、すべての貧しいもの、すべての白痴的なものさえもが、誘惑的な作用を及ぼす。それは麻痺をあたえる。身体を伸ばす(パスカル)。……(XV, S. 467)

ニーチェはパスカルの理性否定や「愚かになること」を文字通り額面通りに取っているのだ。キリスト教は精神的に最強の人物の理性さえも破滅させた。――最も悲惨な実例、パスカルの破滅。彼は原罪によるその理性の堕落を信じた。それは単にキリスト教によって堕落せしめられたのに。(VIII, S. 220)

また『道徳の系譜』の第三章はアスケーゼの問題を頻りに追及しているが、そこにも「パスカルの原理“il faut sabêtir”」の一句がある。

前世紀の後半以来パスカルの文献学的研究が深められてからは、従来伝説と主観的解釈にとりまかれていたパスカル像が、だんだん実証的に定着しだしたようである。そして近来の研究は分析的であっても同時に全体の統一的斉合を見る努力が強まってきた。長いことその特異性の強調に傾いた誇張的浪漫的パスカル像を修正する意味もあって、全貌のパースペクティヴを疎かにしないため、ともすればこれらの研究はさきに区別した第一の見方、ディアレクティカーとしての、あるいはイデアリスム的なパスカルの見方に傾いた。それはキリスト者としてのパスカルを中心にして、人間、数学的天才としての彼を連続的に統一し、そのために理解の路の通じた体系が形成されるけれども、その反対の、たとえばニーチェの見たようなパスカル的な存在の激しさが稀薄になる憾みがなくもない。たとえばブトルーの

『パスカル』がパスカルの生涯にわたる内的緊張とその神秘主義までを美事に論理的脈絡に汲みとっていながら、しかし最後のところにパスカルの禁慾主義に対する批判が、いわばパスカルを統一的理解に盛りきれずに残った、とも感じさせるのは、この好著の全体がパスカル精神の理念的連続を目差しているからであるといえよう。

これに反してニーチェのパスカル像は古い浪漫的パスカル像の先入見を脱していないとも考えられるかもしれない。しかし本稿の最初に挙げたブランデス宛の手紙と『この人を見よ』からの一節でも明らかなようにニーチェがパスカルの論理的なものを重視しているのはどう考えるべきであろうか。この論理的なものは、もちろん護教論的な説得術の論理ではない。それはむしろ生の体験に即した論理、いわば実存的な自覚の論理の謂ではなかろうか。この意味でニーチェのパスカル像は単なる浪漫的把握とは区別されなければならない。

近来多くの研究家がパスカルを実存論的に見ようとすることは、首肯することができる。パスカルの宗教的生に見られる幾度かの危機的な突破《ドウルヒブルフ》は、それがカトリック的教養に結ばれてはいるが、後にプロテスタントの基盤でキルケゴールが為したものと、甚だ類似している。デカルトの近代合理主義的思惟から、パスカルが宗教性を超出させ、これを内面的に深化する行き方は、ヘーゲルの客観的思惟にあきたらず、「あれかこれか」によって浪漫的思弁の統一性、連続性を打破するキルケゴールに似ているし、パスカルの「三つの秩序」は、キルケゴールの「段階」に相応し、パスカルの禁欲的風貌は、キルケゴールの殉教的な苦悩の要求に通うものがある。パスカルのプロヴァンシァルとキルケゴールのマルテンゼンに対する論難を、こうしたキリスト教文学の双璧と見る人もある。

パスカルは近代啓蒙精神の確実性、明証性で摑まれない宗教固有な領域を「心情」にもとめたが、彼のいわゆる「心情の論理」は、単独者の主体性を徹底したキルケゴールの実存における個体的自覚面の深まりに即してこれを映した「質的弁証法」にあたり、「心情」の内的構造の動的な表現そのものである。ニーチェがパスカルの論理的なものを重視する場合、彼の見ているものも結局このようなものであったといえるのではなかろうか。ニーチェは自ら心理家をもって任じていたが、むしろそれは実存的な自覚と呼ばれるようなものを目差していたのである。「神は死んだ」という立場から出発した彼はキルケゴールとは「別個の根源から」(Jaspers, Die geistige Situation der Zeit, S. 146)同じ実存性に到達したのであって、そのパスカル理解は、それ故、ニーチェが自己の無神論的実存をもってパスカルの宗教的実存に結びついたものと見ることができる。またかく見るとき、そこに特有なニーチェのパスカルへの愛が解釈される基盤が見出されるかと思うのである。こういう風にキルケゴールを中間項として、パスカルとニーチェの間にヤスパースのいわゆる Kommunikation が成立すると見ることが許されるのではなかろうか。

キルケゴールがみずから唯一のカテゴリーと呼ぶ「単独者」の実存こそ反対の方向から来たニーチェが心理家――それはいわゆる心理学者ではない――として(彼自身はブランデスに教えられながら、遂にキルケゴールを知らなかったにもかかわらず)、絶えず大きな探求的な情熱を傾注していたものだった。人間の魂とその限界、人間の内的経験の従来到達されたあらゆる広袤、高度、深度、魂の歴史の一切、そしていまなお尽きぬその可能性、これこそ生れながらの心理家、「大きな狩猟」の友人に予定された狩猟場なのだ(VII, S. 69)。しかも彼は、「単独の人間！　だがこの大きな森、原始林！」と叫ぶ。そしてこうした単独者の宗教的実存を不屈に探求すべくパスカルに学ぼうとする――。「たとえば宗教的人間(homines religiosi)の魂における知と良心の問題が、これまでにどんな歴史をもったかを推測し確かめるためには、ひとはおそらく自身、パスカルの知的な良心がそうであったほど、それほど深くそれほど傷つき、それほど途方もないものでなければならないだろう」(VII, S. 70)。ここにニーチェとパスカルを結ぶ実存の自覚的基盤があらわになっている。

ニーチェとパスカルを結ぶこうした実存性をさらに裏書するものとして、ニーチェがキリスト教の本質をどう見たかという点を明らかにする必要があろう。このニーチェのキリスト教観は、詳しくは一個の独立した主題として取扱われるべきものであるが、ここでその見解の特徴をしめす著しい標識の一つを挙げれば、それはニーチェが宗教改革の本質的意義をほとんど認めない、という点である。これはプロテスタントの牧師の息子である彼のキリスト教理解としては不思議に思われるが、事実そうである。彼の考えでは、宗教改革は畢竟ドイツ及びイギリスの「徹底して賤民的なルサンティマンの感情の運動」であり、複雑なものに対する単純性の憤激であって「精神的な百姓一揆」にすぎない。宗教改革はキリスト教を世俗化したから、結局「神が死んだ」という現代の精神的状況の誘導者的役割をなしたものである。ルターはキリスト教を蘇生せしめず、その残喘を徒らに長からしめただけである。ルターによる信仰の内面化、その倫理観、職業観、家庭観等は、キリスト教の本質を社会的に稀薄化し、宗教的無関心の性格を助長し、遂に近代的ニヒリズムへの頽落を招来したというのである。だからニーチェの見方は、現代の主としてカトリック的な思想家が、近代の無宗教性による人間存在の危機を警告し、ひいて近代そのものの終焉を予想するのと、ある点まで符節を一にするものがある。しかしかのキルケゴールにおいてもこうした時代批判は共通したものがあり、ここでもルターはキリスト教的なものに対する人間的なものの反動と見られ、キリスト教の微温化、平俗化の責任を問われるごとくである。キルケゴールが「ルターは九十五箇条を掲げた。しかし私は一箇条しかない。すなわちキリスト教は現存しない」(「瞬間」)というとき、キルケゴールもまた近代的宗教意識の危機を表現したのであるが、しかも彼は、こうした近代における信仰喪失の原因を、宗教改革よりもさらに溯って、「教会」そのものの成立に見、こうして彼が唯一のカテゴリーと呼ぶところの神の前の「単独者」は、ひたすらキリストの模倣において、その宗教の本来的なきびしさを、信仰のパラドックスによる絶えざる苦悩と殉教のさなかに生きぬくという解決をひきだすに至る。さればキルケゴールは原始キリスト教への熾烈な復帰意志と見られるが、ニーチェの方はキリスト教をどこまでも生の否定と見て、これを却ける。同時に、近代プロテスタンティズムの生みだした能動主義、否定を通っているために一層積極的な現実肯定、その倫理と文化意志をもまた、ニーチェは、本来的キリスト教からの離落として、その宗教性が道徳主義に転位し、次第に安死術の死を遂げてゆくものと見るのである。ここではその将来性のごときは全く考えられないわけである。そこである意味ではニーチェはルターを形式的に否定したものの、実質的にはニーチェの提唱する生の諸価値は、まったくルターの新しき倫理観の内容と相覆うものが少くない、という錯覚的な結果を呈するに至った。ヒルシュの研究以来ニーチェはルターをほとんどその真の形姿で知らなかったことが明らかにされ、この両者の間には表面上の対立を超えたものがつながっていること、ルター研究の権威であるホルも言及しているところである(K. Holl, Gesammelte Aufsätze, Bd. I. S. 533)。

それはともかくニーチェの考える純粋で本来的なキリスト教は、さきに引用したものにあったように、ネロの時代に「人類に対する憎悪」と認定された初期キリスト教、どこまでも生の価値と地の意義を否定し、理性を貶下し、肉体を軽蔑し、性衝動を悪魔視し、彼岸性を絶対化して、強大な審判者の影におののくものであり、奴隷道徳であり、僧侶階級のルサンティマンの産物である。そしてこういう風にキリスト教を見るときはじめて、我々はパスカルの禁欲主義的な面が、実にニーチェ的な意味でキリスト教的、しかもその醇乎たるものであることを、了解し得るのである。このようなキリスト教の見方でこそパスカルの思想的姿態が自己超克的な体験面に強く引きよせられ、ここに宗教的実存の Durchbruch として取られることになる。ニーチェの見ているようなものがキリスト教的本質にどれほど合致しているかというようなことは、もちろん別問題として、こうした見方にひとたび立てば、そこから当然発してくる苛烈な時代批判が、当代の微温湯的な宗教的状況にあきたらない、たとえば弁証法神学などの否定的なはげしさに相通うものがあって、結論的にはニーチェはキリスト教の歴史的終結を信じて、超人における価値の「新しき板」をもとめ、これに反して宗教界内部の動きから発したものは、その本来的性質からどこまでも原始キリスト教なり宗教改革なりの精神に復帰するという風にわかれるものの、個的人間存在の自覚を震撼して主体的不安の底に決断を迫るものは、両者を結び、またキルケゴールの実存に因由する実存哲学にも通ずるといえるのである。そうしてニーチェがパスカルに読んだもの、その愛と共感、認識と理解はこの実存性の交感によるのであり、パスカルがキリスト教的人間の範型として出現する契機もここにあると考えられる。

右に述べた関係を明らかにする代表的な場合として、ニーチェは『善悪の彼岸』の一節(VII, S. 60f.)で、次のような意味の文章を書いている。

ニーチェが範型として見た初期キリスト教は、それまでにすでに数世紀にわたる哲学諸派の闘争を体験しまた依然体験中のものであり、かつローマ帝国が与えた寛容《トレランツ》への教育を受けた懐疑的な南国的自由思想家的世界のさなかに、その信仰の理想を築いたものだが、その信仰は、いわばルターとかクロムウェルとか、そうした北方の精神的野蛮人が彼等の神とキリスト教に帯びさせたような、あの忠誠心による粗野な隷従的信仰ではない。それはむしろパスカルの信仰であって、このパスカル的信仰は、理性の――一遍ぐらい突刺しても中々参らない執拗な、息の根の太い、爬虫類のような理性の恐ろしい持続的な自殺を思わせるものだ、とニーチェはいう。キリスト教の信仰は最初から犠牲である。精神のすべての自由、すべての矜恃、すべての自己確信の犠牲であり、同時に奴隷化であり、自己軽蔑、自己不具化である。この信仰の中には残忍性と宗教的フェニキア主義があり、それが倦み疲れて多岐複雑になり、あまりにも孱弱化した良心に要求されるのである、とニーチェはつづける。そしてこうした宗教の前提は、精神の屈伏が名状しがたい苦痛でもあること、そのような精神の有する一切の過去と習慣が、「極端な背理(absurdissimum)」としての「信仰」の到来に対して、抵抗するということ、に外ならない。すべてのキリスト教的名称に無感覚になった近代人は、古代人の心胸にとっては、「十字架にかけられた神」という公式の逆説の裡に存在していた「戦慄的・最高級的なもの」をもはや追感しないのだ、とニーチェはいうのである。

この「戦慄的・最高級的なもの」、すなわち本来的キリスト者の主要不可欠な心情である「恐怖感」は、近代のキリスト教が見失ったものであり、パスカルはなおこの恐怖感に生きていた、とニーチェは見るわけである。生の基底にこうした恐怖や不安を置くとき、パスカルからキルケゴール、実存哲学という系譜が考えられ、そのような主体的実存を欠いた「阿片剤的宗教」をニーチェが指摘するとき、近代の無神論的性格を、マルクスの見方をも含めて、感得することができ、その思想の線を突詰めたニヒリストとしてのニーチェの姿を見ることができる。『力への意志』の一節(XV, S. 318)でニーチェが次のように語っているところは、彼の洞察の機微があらわれているように思う。(あるいはここでニーチェはパスカルの賭を考えているのかもしれない。Vgl. Lohmann, a. a. O., S. 131)

キリスト教的信仰を欠いたらこうなるという証明ができないとしても、しかもパスカルは、それにもかかわらずそれが真理かもしれぬという恐るべき可能性を顧慮して、キリスト教徒たることを最高の意味で賢明と考えた。今日我々は、いかにキリスト教が恐怖性を失ったかという証拠に、かの、たとえキリスト教が誤謬であるとしても、ひとは一生の間この誤謬の大きな利益と快楽をもつことができる、という別途の理由付けの試みを見出すのである。——つまりまさにその心なぐさめる効能のために、――すなわち脅威的可能性に対する恐怖からではなく、むしろ刺戟のない生に対する恐怖から、――この信仰が維持されるべきなのだ、というのである。このヘドニズム的転向、快楽からの証明は没落の徴候だ。それが力からの、キリスト教的理念において震憾的であるところのものからの、恐怖からの、証明の代りになっているのだ。事実この解釈改変によってキリスト教は疲弊に近づく。我々は阿片剤的なキリスト教で満足する。なぜなら我々は探求や闘いや冒険や孤立への意志《アラインシュテーン・ウオレン》に組する力を持たず、またパスカル主義(Pascalismus)、この沈思的な自己軽蔑、人間的価値への信仰、「あるいは罪人なるやもしれぬもの」の不安、に組する力ももたないのだから。しかし何よりも先ず病的神経を鎮静させる役のキリスト教は、かの「十字架に掛けられた神」という恐るべき解決を、まったく必要としない。その故に、ひそかに、到るところ仏教がヨーロッパで進歩を遂げているのである。

ニーチェが仏教というとき、それはニヒリズムの別名に外ならない。そして彼のニヒリズムは、近代ヨーロッパ文化の衰頽と病弊を映した世紀末的ペシミズムを突詰めたものであるから、ショーペンハウアーをその先駆者とするものである。そしてパスカルを継承したのは、このショーペンハウアーだとニーチェは見るのであって、その意味はこうである。

パスカルはいった。キリスト教的信仰がなければ、諸君は、諸君自身にとって、自然や歴史と同様、「怪物にして混沌(un monstre et un chaos)」になると。この預言を我々は実現した。虚弱で楽観的な十八世紀が人間を美化し合理化した後に。

ショーペンハウアーとパスカル——本質的な意味で、ショーペンハウアーはパスカルの運動を再び採りあげる最初の人間である。「怪物にして混沌」、従って否定さるべきもの……歴史、自然、人間自身！

「真理の認識に対する我々の無能力は、我々の堕落の、我々の道徳的衰頽の結果である」とパスカルはいう。そして究極においてショーペンハウアーもそうである。「理性の堕落が深ければ深いほど救済の教義が必要だ」——あるいはショーペンハウアー的にいうなら、否定が必要だ。(XV, S. 201)

この意味では、現代のニヒリズムの精神の最も明確な自覚が、パスカルの宗教的実存に同時に存在することになる。言葉を換えていうと、ニヒリズムとパスカル的信仰はいわば紙一枚で裏腹になっているのであって、ニヒリズム的虚無という誠実な試金石に耐えるものでなければ信仰でなく、パスカル的虚無をも包み得るものでなければ近代ニヒリズムの名に値しないということになるであろう。このような実存的基底のつながりの故にニーチェはパスカルを愛したのである。彼はしかしパスカルの神にはどこまでも叛逆するのであるから、パスカルはキリスト教の犠牲者として彼には映ずる。「我々はキリスト教がパスカルのような人間を滅ぼしたことを、決して許してはならぬ」と彼は叫ぶ。パスカルのような「強い人間が自己軽蔑と自己虐待の過度のために滅びてしまうこと」、「力への意志が逆の方向に、すなわち自分自身に向ってしまうこと」、この点こそ、ニーチェに従えば、キリスト教が責任を負うべきところなのである(XV, S. 328)。しかしそういうものの他面この反キリスト者ニーチェが、キリスト教世界の内在的批判の意味を具現していることを、我々は看過することができない。彼のニヒリズム超克の幻影の裡に漂っているものは宗教的郷愁である。しかしいまこれ以上問題を追究すべきではあるまい。ニーチェがパスカルについて語っていることはなお多い。その「隠れた神」について、その「病気」について、自働機械に重視された「習慣」の主題についてなど、なお考察に値するものも少くないと思うが、ニーチェにおけるパスカル像の輪郭を窺い、両者を結ぶものに若干の考察を加えるという本稿の意図はすでに大体述べられたと思うので、この辺で擱筆することにしたい。

補記　カトリック誌 Hochland XXXVI 号に H. Platz, Nietzsche und Pascal なる文献ある由。H・デュモリン教授の近業『近代思想とキリスト教』一四三頁その他参照。なお拙稿「能動的ニヒリズムの問題」(『思潮』第五号)を参照されたい。

ニーチェにおけるヘーゲル像

二十何年か前に、ニーチェの『曙光』を訳したとき、非常に印象に残った一節があった。その後なにかにつけてそれを思いだす。それはヘーゲルに関係したもので、しかもヘーゲルの思想についてではなく(そうしたものはあとから挙げるように全著作にわたって数多くある)、むしろ文体に関したもので、その意味でユニークなのである。

エスプリと道徳。――せっかく持ちあわせた精神や知見や心情《ゲミュート》を退屈なものにしてしまう秘訣をこころえ、その退屈を道徳と感じることに慣れてしまったドイツ人は――フランス的なエスプリ(esprit)に出会うと、それが道徳に目つぶしを喰わせやしないかという不安を抱き、――しかもちょうど小鳥がガラガラ蛇に出会ったときのような不安と同時にうれしくはずんだ気持になる。有名なドイツ人のなかでヘーゲルほどにエスプリをもっていた者はいなかったろう、――しかしヘーゲルもまたそのエスプリにたいして、ドイツ的な大いなる不安を抱いていたので、そうした不安があのヘーゲル独特の悪文(seinen eigentümlichen schlechten Stil)を創造することになった。つまり彼の文体の本質は、だいじな核心が幾重にも巻かれて、もうほとんど見えるか見えないぐらい、羞ずかしそうに、もの好きに、――古代の女嫌いアイスキュロスの言葉を借りれば――「若い女たちがヴェールのかげから盗み見る」ようになってしまったところにある。ところでその核心は、きわめて精神的な事象にたいしての洒落《しゃれ》た、しばしば行きすぎた思いつきであり、またたくみに意表に出た言語合成といったもので、それはそれとして思想家たちの社会では学問の香辛料として役だつものではあるが、——なにしろあのように巻かれてしまっては、いかにも難解な学問そのものといった観を呈し、まったく最高度に道徳的な退屈と化してしまったのである！　こうしてドイツ人も、かれらに許された形式のエスプリを手にいれたわけで、かれらが有頂天になってそれをかつぎまわったさまは、ショーペンハウアーのあのすぐれた、きわめてすぐれた知性もあっけにとられてしまうほどであった。——ショーペンハウアーはドイツ人が演じてみせたこの奇観を一生罵りつづけた。

しかし自分ではどうにも納得がいかなかった。

この短文はいろいろなものを含んでいるが、ヘーゲルを著名なドイツ人の中で最大のエスプリの持主と見たのは面白いし、その文体をはっきりと悪文と言ったのもニーチェらしい。ヘーゲルばりの文章や発想が一世を風靡し、それにたいしてショーペンハウアーが悪態のかぎりをつくしたのを絡ませたのも面白い。エスプリと道徳の関係が、このアフォリズムの軸になっているのは標題の示すとおりであるが、ヘーゲルが『精神現象学』のなかで『ラモーの甥』のディドロを分析してエスプリや機智を批判しているくだりを、ニーチェはまだ読んでいなかったのか、読んでも知らぬ顔で書いたのか、そういうことはよくわからない。

ただヘーゲルの悪文という点である。たしかにヘーゲルの文章は読みにくい。よくその例にあげられる『大論理学』などはことにそうだが、なにもそれと限らない。落語に「素人うなぎ」というのがあって、「どこへ行くのかうなぎに聞いてくれ」というのがご承知の落ちになっているが、ヘーゲルを読みほごしているとそんな気になってくる。そうしたときにニーチェのアフォリズムが頭をかすめるのである。ヘーゲルの文章は、心しずめてためつすがめつ眺めていれば、つまり厳密に用語を分析し文脈を確定すれば明瞭になってくるといったしろものではない。このうなぎをつかまえようとするのがまちがいであり、むしろうなぎだということがはっきりわかることがだいじなので、そのぬるぬるしていることがうなぎ全体(真理は全体である)からにじみでていることが、心底から合点がいくことがだいじなのである(真理は具体的である)。アドルノも途方にくれる例として挙げているような「本質における成、その反省的運動は無から無への、またそれによって自己自身への還帰の運動である。移行または成は、その移行の中で自己を止揚する。この移行の中で成るところの他者は或る有の非有ではなくて、無の無である。そしてこのこと、すなわち無の否定であるということが、有を形成するのである。――有は、ただ無の無への運動としてのみあり、かくしてそれは本質なのである。しかもこれはこの運動を自分の中にもつのではない。この運動は絶対的仮象そのものとして純粋な否定性である。この純粋な否定性は自己以外には自己を否定する何ものをもたず、ただ自己の否定的なものそのものを否定するにすぎない。しかもその自己の否定的なものはただこの否定することの中にのみある」といった『大論理学』の一節をつきつけられて、小首をかしげない人はよほどどうかしている人である。アドルノはこうしたヘーゲルの文体に密着した関係をちかごろみごとに説明してくれたと思うが、彼は落語を知らないから、うなぎとはいわず、フィルムの流れにたとえる。フィルムを止めて一コマ一コマに拡大鏡をあてて見てもはじまらないのである。(Theodor W. Adorno, Drei Studien zu Hegel.)

ヘーゲルの機智を指摘したのはニーチェにはじまったわけではない。キルケゴールを忘れるのはよくあるまい。(ニーチェはキルケゴールを読んでいない。)『不安の概念』はヘーゲルの批判からはじまる。キルケゴールはヘーゲルの論理が「動く」ということを許しがたく思う。ヘーゲルの論理は現実性を手にいれるために運動、すなわち「論理学にはその場所を見出しえないひとつの超越」を取りこむのである。そのために「否定的なもの」が使われる。「論理学においてなにがなんでも運動が必要だというわけである。そこで出てきた助け舟が否定的なものだ。否定的なものが力及ばなければ、洒落や慣用句がやってくれる。もともと否定的なものということ自体、すでに洒落に堕しているのだ。」さらに注をつけてキルケゴールはこういっている。「たとえば――「本質」(Wesen)とは「有った」(gewesen)ところのものであり、「有った」は「有る」(sein)の過去のかたちであるから、本質は止揚された「有」、有ったところの有である、などという。これが論理的運動なのだ! もしも誰かが、ヘーゲル論理学の中で論理的運動を押しすすめようとせっせと加勢しているあらゆる小びとや妖怪を一網打尽にしてくれたら、おそらく後世の人びとは、こんな気の抜けた洒落が、かつては論理学で大きな役割を演じていたこと、それも付加的な説明とか気のきいた注釈としてではなく、ヘーゲルの論理学をして驚異の業《わざ》たらしめ、論理的思考がのこのこ歩くように足をつけた首謀者だったことを知って唖然とするだろう。しかし誰ひとりそれに気づかなかったというのは、讃嘆の長い外套がその乗り物を包んでいたからで、ルールー(当時流行した歌劇に登場する自動人形)が、誰にもからくりを見られずに歩いてくるのと同じことだった。」このキルケゴールの指摘も『大論理学』の第二部本質論の書きだしをさしているのである。

ヘーゲルのそうした機智的なものが、かれの哲学を構成するのにどこまで必要なものか、はたしてそれを抜きにしては成りたたないほどのものであるか、文字どおりキルケゴールの言うがごときものなのか、もしそうだとすれば劇作家のブレヒトがその『亡命者の対話』の中でひとりの登場者に語らせているように、ヘーゲルの『大論理学』こそは世界文学中で最大のユーモラスな作品の一つということになるかもしれぬ。そこではヘーゲルのユーモア、彼の国家との関係、またその「概念」の運動と生態(うなぎとは言わないがまさしくうなぎである。「つるつるして、不安定で、無責任な存在」なのである)が、もののみごとに諷刺されている。

このブレヒトもシュワーベン人だが、シュワーベン人というもののイメージがなければ、ヘーゲルを理解することはできない。またシュワーベンなまりがわからなければ彼の講義の雰囲気を味わうことはできまい。私はさいきんヘーゲルの『歴史哲学』を読みなおし、あらためて彼の講義者としての偉大な情熱にゆすぶられたが、同時に彼の弟子ホートー(H. G. Hotho)の書いた思い出が行間にちらつくのであった。

そんな意味でもニーチェが『善悪の彼岸』の中で、ドイツ人の深みについて語り、シュワーベン人について触れているのは興味がある。

この第二四四節ぜんぶを引用するといいのだが、長くなるから要約する。ドイツ人の魂は複雑だ。しかしこれは大昔におそろしく多数の種族がまざったこと、たぶんアリアン人種以前の要素が優勢を占めたことから来ているのであろう。ドイツ人はなんとも定義しにくいものであり、そのためフランス人が絶望におちいるくらいのものである。ドイツ人自身にしてからが「ドイツ的とは何か」としじゅうたずねている。もともとドイツ人をどう言ってみたところで、まるっきり見当違いということには決してならないのである、というふうにニーチェは言う。

ドイツ人の魂のなかには多くの廊下、小廊下がある。そこには穴ぐらがあり隠れ場があり、城牢がある。その無秩序は秘密めいたものがもつ魅力を備えている。ドイツ人は混沌に通じる抜け道を知っている。すべてのものはおのれ自身に似たものを愛するものだから、ドイツ人は雲を愛し、およそ不明瞭で、生成《ウェルデン》しつつあり、朦朧として、湿っぽく、覆われたものを愛する。かれらはあらゆる種類の不確実なもの、かたちにならないもの、うつろい行くもの、成長するものを「深い」と感じる。ドイツ人そのものは存在《ザイン》しない。彼は生成《ウェルデン》している。彼は「発展する」。だから「発展《エントウイックルング》」ということこそたくさんのりっぱな哲学的方式のなかでも真にドイツ的な発見であり、成果なのである。――この支配的な概念は、ドイツビールやドイツ音楽とあいまって、全ヨーロッパ人をドイツ化しようとかかっている。ドイツ人の魂の底にある矛盾性(ヘーゲルはこれを体系に組みたてたのである。ワーグナーはこれを音楽にもって行ったのである)。この矛盾性がつきつける謎のまえに立って、外国人は呆然として、しかも心をひかれる。「お人よしで、しかも奸悪」――こんな共存は他の民族のばあいにはおよそ矛盾撞着だが、いかんながらドイツではそれがしばしば成りたつのである。試みに、しばらくシュワーベン人のあいだで暮らしてみることだ。ドイツの学者の鈍重さ、その野暮ったさ、そうしたものが、神々も寒気《さむけ》をおぼえるほどの精神的な綱渡りや軽快な大胆さと仲良く手をつなぎあうのである。

だが、ヘーゲルのシュワーベン的な機智とその学者的重厚性あるいは底にこもったあの情熱、そうしたもののかねあいにあまりに心を労することはないと、私などは思うのである。

ヘーゲルを読むと、突飛なようだが、しばしば私小説のすぐれた作家を連想する。すべてが彼の「私」にひきよせられ、そのパースペクチヴで独特な風格ある世界が構成されるように、ヘーゲルでは「精神《ガイスト》」に一切がひきつけられる。対象は否定性によって抽象され、止揚され、構成され、位置づけられる。それは主体の世界であって、同時に客体の世界だ(実体は主体である)。機智も悪文も廻転する動輪の発するうなりか、あるいはきしりだと思えばいい。

今年〔一九七〇年〕はヘーゲルの生誕二百年であるから、生誕百年は当然の話一八七〇年であったはずであり、そのころニーチェはバーゼル大学に就任したての若年教授であったから、何かこの百年記念に関連した発言でもあるかと探してみたが、たいしたものは見つからなかった。ただ手紙の中で、友人のゲルスドルフにあてて(十一月七日)、日ごろ敬服している同僚(といってもかなり年長)のブルクハルトの講義を傍聴していること、今日はヘーゲル記念の年にふさわしくその歴史哲学が語られたことを報告している(痛烈な批判であったに相違ない)。この手紙にはワーグナーのことも出てくる。

一八七〇年はヘーゲル百年であるとともにベートーベン百年でもあった。そのためウィーンでは第九交響曲が演奏されることになり、ワーグナーはその指揮を頼まれたが、理由あってこれをことわり、そのかわりに論文「ベートーベン」を書いた。ニーチェの手紙の中に「ワーグナーは数日前に、「ベートーベン」と題するすばらしい原稿を僕のところへ送ってくれた。そこにはショーペンハウアーと緊密に結びついた、きわめて深遠な音楽哲学がある。この論文はベートーベンを記念して出版されるものだが、――わが国民が彼にたいして示す最高の敬意ともいうべきものだ」とあるのはそれだが、それにつづいた手紙(十二月十二日)で、ニーチェは「ベートーベン」を君(ゲルスドルフ)に送る、と書き、「この論文、そしてワーグナーのショーペンハウアーの教説への賛意は、それなりにヘーゲル記念への寄与でもある。まともな論争の文章などはもうほとんど必要がない。ハルトマンの『無意識の哲学』――とにかくショーペンハウアー的な意味で問題が提出されている本だ――が、すでに再版になったということでも、大きな変化が起っている証拠になりそうだ」と書いている。

ここの「それなりに」(in ihrer Art)というのはネガチーフな意味である。つまり、若いニーチェはショーペンハウアーに心酔しているわけで、その意味でアンチ・ヘーゲルの側にあり、「まともな論争」などという語もとびだすのであり、ワーグナーもかつてはHegeling(ヘーゲル青年)であったのにいまはショーペンハウアーの信奉者となり、その理論を応用して「ベートーベン」を書いたのだから、これらはヘーゲルに対する消極的な記念の行動なのだというのである。ニーチェの見るところ、時代はようやくヘーゲルの圧倒的な影響から離れて「真の哲学者」ショーペンハウアーの真価を認識しだしたのである。ショーペンハウアーとワーグナーによって新しいドイツ文化が形成される可能性が開かれてきたと見るのである(ビスマルクによるドイツ帝国の興隆と繁栄はむしろ文化を低下させるものと、彼は見る)。エードゥアルト・ハルトマンについては森鷗外がその『妄想』の中で述べているが、そしてニーチェの『生に対する歴史の利害』はハルトマンに対する痛烈な批判でもあるが、ここらあたりの見方ではハルトマンはともかくショーペンハウアー側の動きに加勢するものとして見られている。

この断簡からでもおしはかられることは、若いニーチェがショーペンハウアーの影響下にあって、すべてをその視角で見ているために、ヘーゲルに対してはほとんど先入見的に敵対的な姿勢を取っていることだが、その後ニーチェはしだいにワーグナーの呪縛を脱し、ショーペンハウアーのペシミズムを超克して、二人の師に対し批判をくだすようになってくる。つまり自己の中のロマン主義を克服し、『人間的、あまりに人間的』によって実証主義に移行し、つづいて『ツァラトゥストラ』以後の「神の死」とそのニヒリズムの洞察という時期にはいって行くのだが、こうしてショーペンハウアーにたいする評価が修正され、限界づけられるにつれて、その対蹠者であったヘーゲルの評価は、もちろん反比例的に上昇するというような単純なものではないが、その偉大さがむげに否定されないものになって行くのである。イデアリスムスに対しては端的な否定が最後まで残るけれども、ヨーロッパ的な視野から見るとき、ヘーゲルの及ぼした国際的な影響をやはり率直にみとめる。「ショーペンハウアー――考慮に値する最後のドイツ人(――彼はゲーテのごとく、ヘーゲルのごとく、ハインリヒ・ハイネのごとく、ヨーロッパ的な出来事であり、地方的な、「国民的な」出来事にとどまらなかった」(『偶像のたそがれ』)。

すこし先まわりしすぎたので、ふたたび若いころに引返してみよう。バーゼル大学で一八七二年に試みた講演「われわれの教育施設の将来について」の中で、一切の教育の努力を国家目標に結びつけるヘーゲル哲学の傾向が指摘され、ヘーゲルがそうした国家(つまりプロイセン)を「絶対に完成した倫理的有機体」と呼んだことがいわれている。ニーチェのヘーゲル観はこうしたあたりから出発している。

しかし同年に発表された彼の処女作『悲劇の誕生』にはヘーゲルの名は見あたらない。つづいて書かれた『反時代的考察』にいたってヘーゲルの名はいくたびも出てくる。これは時代とその精神的動向を対象とするからには、どうしてもヘーゲルが登場せずにはすまないということである。

『反時代的考察』の冒頭はダーヴィト・シュトラウスに対する批判的攻撃である。この「教養ある俗物」としてまっさきに槍玉にあげられたシュトラウスは、かつて『イエス伝』をあらわし、この書をめぐってヘーゲルの弟子たちが左右両派に分裂するにいたった宗教哲学者である。ニーチェもかつてはこの書を感激して読んだこともあった。しかしこの聖書批判から出発してヘーゲル左派の首領的位置についたシュトラウスはこの時分では進化論をとりいれた自然主義的汎神論者になりかわっていたのである。一八三一年に死んだヘーゲルと一八四四年に生れたニーチェの間にはこのシュトラウスの世代がはさまっていて(それは革命家であった若きワーグナーの時代でもある)、かつての進歩派はもはや時代の変貌についていてはいけなくなっている。かれらは、「ヘーゲル病とシュライエルマッハー病にかかって」いて、それは「決して完全になおることはない」のであり、また「現実的なものを理性的なものとしてあがめるヘーゲル的な崇拝」のうちに、すなわち既存の「成果の神格化」のうちに育てあげられてきたのである。『歴史の利害』の中には「いまだに年配の人たちの頭の中でくすぶっているヘーゲル哲学」という表現があるが、前に述べたハルトマン批判からさらに筆がヘーゲルその人にまでのびて――

このヘーゲル的に理解された歴史を、人びとは嘲って神の地上における遍歴と呼んだ。しかしその神にしてからが、歴史によってはじめて作りだされる。この神はヘーゲルの頭脳の中で、おのれ自身をくまなく透明に理解しうるようになったのであり、すでにその生成《ウェルデン》のあらゆる弁証法的に可能な段階をのぼりつめて、あの自己啓示にまでたどりついたのである。したがってヘーゲルにとっては世界過程の頂点であり終点であるものが、彼自身のベルリンにおける存在と一致するわけである。そうだ、ヘーゲルはこういいたいところだった、――自分のあとにやってくる一切の事柄は、ほんとうは世界歴史の旋舞曲《ロンド》におけるおしまいの付加曲《コーダ》、いや、むしろ蛇足だと。さすがにそこまではいわなかったが。

ニーチェによれば当代のドイツ人は文化の衰弱をしみじみ感じて、自分たちは亜流者《エピゴーネン》だという悲観的意識にとらわれていたのが、ヘーゲルのおかげで歴史の流れの終点を頂点と読みかえることによって、ドイツ帝国の興隆を背景に、一転して傲岸な姿勢にかわった。かれらは他の精神的な諸力、すなわち芸術や宗教を無視して、歴史を絶対主権の座につけ、それをプロイセン国家と結びつけた。歴史は「自己自身を現実化する概念」であり、「もろもろの民族精神の弁証法であり」、「世界審判」だということになった。普仏戦争直後、戦勝に酔っている泡沫会社濫立時代のドイツにたいする時代批判であり、その後の動向を思えば、このへんにもニーチェの警世者としての面目をみとめないわけにはいかない。

『華やぐ知恵』の時期になると、ニーチェはすでに完全にショーペンハウアーとワーグナーへの陶酔から覚め、両者への分析と批判はするどく辛辣になる。たとえば「ショーペンハウアーの信奉者たち」と題された断章などはそうである。その中でショーペンハウアーの弟子の中でも最も有名なのはワーグナーであり、彼はこの哲学者にめぐりあうまで「ヘーゲルによって惑わされてきた」。ワーグナーがドイツ語の堕落について憤慨するのは、ショーペンハウアーゆずりであるが、「ワーグナーの文体にしたところですくなからず潰瘍や腫れものができている」とニーチェはいい、またこのワーグナーばりの文体をまねする仲間がふえて、それは「ヘーゲルばりの文体におとらず困りものになりはじめた」という。こういうふうにニーチェでは、ヘーゲル、ショーペンハウアー、ワーグナーという標識が時代の流れを測定する山頂の三角点のようなものになっている。

同書の断章三五七は、「ドイツ的とは何か、という古い問題」をめぐって非常に興味ぶかいものだが、一見ドイツ的な伝統から遊離しているように見える思考を展開したドイツ哲学者、たとえば意識を表象のひとつの偶有性と見たライプニッツ、因果性の概念に大きな疑問符をつけ、しかもその限界を明らかにしたカント、そして種の概念が自身から発展するという、従来一切の論理の慣習と惰性を打ちやぶったヘーゲル(けだしヘーゲルなくしてダーウィンはない)、これらの哲学者はほんとうに哲学的なドイツ人であったのだろうか、とニーチェは一応たずねたあとで、やはりかれらはわれわれドイツ人の精神的基盤から出てきたものだとみとめる。ヘーゲルについては、その「発展」という決定的な概念をはじめて学問に持ちこんだ革新がやはりドイツ的な基盤と不可分なものである。ヘーゲルはドイツ的なものの代弁者なのだ。

われわれドイツ人は、よしひとりのヘーゲルが存在しなかったとしても、ヘーゲル主義者なのだ、――われわれが(すべてのラテン民族と反対に)「在るもの」(was ist)よりも、生成なり、発展なりにたいして、本能的に、より深い意味と、より多くの価値を与えるかぎりにおいて、ヘーゲル主義者なのだ。――われわれはほとんど「存在」という概念の権利を信じない――。同様にわれわれ(ドイツ人)はわれわれの人なみの論理に対して、それが論理自体《アン・ジヒ》、それしかない論理であることを認めようとしないかぎりにおいて、ヘーゲル主義者なのだ。(むしろわれわれは、われわれの論理などというものがたんになにか特異なもの、ひょっとしたら最も奇妙で愚劣なもののひとつではあるまいかと考えているのだ。)(『曙光』の序文――それは後年書き加えられたものだが――には、同じ意味ながらさらに凝縮した表現がある。引用したいが略す。)

しかし、つづけて第四に、ニーチェはショーペンハウアーはどうかとたずね、ここで区別をつける。ショーペンハウアーはドイツ人よりも、むしろ良きヨーロッパ人だ、というのは、彼ははっきりと無神論を取ったからである。すなわちキリスト教信仰の没落と科学的無神論の勝利という、ドイツ的ならぬ全ヨーロッパ的事件に参加したからだ。その反対に、この無神論の勝利を遅延させ、かつ危ういものにしたのがドイツ人であった。特にヘーゲルこそ、この延引の責任者であり、「この延引者の尤《ゆう》なるもの(Verzügler par excellence)であった」。ヘーゲルはわれわれドイツ人の第六感「歴史的感覚」という最後の助けをかりて、「存在の神性」をわれわれに説得しようとかかった。「ショーペンハウアーは哲学者として、われわれドイツ人が有した最初の明白な、不屈な無神論者であった。彼のヘーゲルへの敵意はここにその背景を持っていた。」

結局ニーチェはその「神は死んだ」という無神論的立場からショーペンハウアーを味方につけ、ヘーゲルを敵側の代表者に仕立てる。しかしニーチェの場合、ソクラテス、パウロ、ルソーなど一連の親しい敵といえるものがあって、攻撃の対象にするということは評価が大であるということを語りもする。ヘーゲルはそうした意味でニーチェの思想の大いなる敵役に仕立てあげられていくように見える。

しかしニーチェのような自己克服に終始した精神のばあい、一斑をとらえて全豹を推すことはできない。ある箇所を読んで彼の決定的な意見と考えるのは、いつも間違いのもとである。ことに『ツァラトゥストラ』以後の時期はそれまでにいったことをいちだんと深め、従来の前提をつき破って物をいっているから、結果的に矛盾した表現になっていることが多い。『善悪の彼岸』の第二〇四節ではショーペンハウアーに対して点がからくなっている。彼はいう、——哲学に対していろいろな不満がきかれるが、中には若い人たちが或るひとりの哲学者の影響をしたたか受けたために、他の哲学や哲学者たちを不当におとしめていることがある。たとえば「最近のドイツに及ぼしたショーペンハウアーの影響がこうしたものにもとづいていた。彼はヘーゲルに対するその分別を失った憤怒によって、最近のドイツの世代をドイツ文化とのつながりからひきはなすことに成功した。だがこの文化は、総体的に考えれば、やはり「歴史的感覚」の高みと預言者的な切れ味を見せたものであった。……しかるにショーペンハウアー自身は、ほかならぬこの点に関しては天才的に貧弱で、鈍感で、非ドイツ的であった」。ショーペンハウアーの形而上学の非歴史性がいわれているのであり、ここでは非ドイツ的は悪い意味である。『偶像のたそがれ』の中にはさらに痛烈な発言がある(第三章第七節)。

ニーチェはこのように若き日の師ショーペンハウアーに仮借なく批判をくわえたが、ワーグナーについても同様であり、より以上に苛烈なものがあった。『ワーグナーの場合』では、彼はワーグナーをヘーゲルと緊密に結びつけて裁断する。その第十節を読まれるがいい。

ワーグナーは「音楽はつねに一つの手段である」という。これが彼の理論であり、実践であった。しかし音楽家というものはそんなふうに考えないものだ。ワーグナーは「自分の音楽は無限的なものを意味する」のだからそうした音楽を厳粛に、深遠に取るようにと万人を説得する理論がいつも必要であった。彼は生涯「理念《イデー》」の註釈者であった。

ワーグナーが若かったころは、ちょうどヘーゲルとシェリングが人びとの精神を誘惑していた時代だったこと、ドイツ人がただひとつ真面目にとるもの、すなわち「理念」、つまりある暗い、不確かな、予感をそそるものを、彼が感得し、つかまえたこと、ドイツ人のあいだでは明瞭ということは反対される根拠であり、論理というものは反駁される理由であることを、われわれは思い起そう。……ヘーゲルはひとつの嗜好だ。ドイツだけではなくヨーロッパの嗜好だ！――ワーグナーは、これはいただけると感じた！　これを不朽のものとした！――彼はただ音楽に応用しただけだ、――彼は「無限的なもの」を意味するひとつの様式を発明した。――彼はヘーゲルの後継者となった。……音楽が「理念」となった！

そして世間はワーグナーをどう受け取ったか！——ヘーゲルに熱狂したのと同じ種類の人間が今日ワーグナーに熱狂している。彼の一派ではヘーゲル調の書き方までしている！——とりわけワーグナーを理解するのはドイツの青年であり、「無限」と「意義」という二つの言葉でかれらはもう十分だった。言葉を聞いただけで何ともいえない良い気分になった。ワーグナーが青年層を獲得したのは、音楽によってではない、「理念」によってだ、——かれらをワーグナーのところにみちびき、誘いよせるものは、その芸術にそなわる謎めいたもの、百千の象徴のもとの隠れん坊、理想の華やかな多彩さだ。ワーグナーの雲をつくりあげる天才、もやの中で、つかみ、ただよい、かすめるところ、どこにもいてどこにもいないところ、ヘーゲルが当時の青年たちを誘惑し、おびきよせたのとそっくり同じ手だ！ワーグナーの多様さ、豊富さ、勝手放題のただ中にあって、青年たちはおのれを取りもどし、義認され、——「救済」されたように思う。……彼らはことごとくワーグナー自身と同様、いやな天候、つまりドイツの天候の親類なのだ！

ここではワーグナーもヘーゲルも一緒にされて、ニーチェのドイツ批判の対象になっている。ニーチェの発狂近くに書かれた『アンチクリスト』の中のドイツ哲学の要約は、ニーチェのヘーゲル把握の究極の根拠でもあるだろう。

われわれが誰をわれわれの敵手と感じているかをいっておく必要がある。——神学者ならびに神学者の血すじを引いているもの一切——つまりわれわれの哲学ぜんぶというわけである！ こうしたことが冗談事ではないということがわかるためには、人はこの災禍をま近で見たか、あるいはむしろ身をもって体験し、そのために破滅しかかるといった目にあっていなければならない(わが自然科学者や生理学者諸君が自由思想家ぶっているのは、私の目から見ればお笑い草にすぎない、――かれらにはこうした事柄における情熱、そのための苦悩が欠けている――)。あの災禍は人の想像をこえるものだ。人びとが今日「イデアリスト」と自任しているところ、――人びとがひときわ高い由来をたのみにして、優越的に、ひとごとのように現実を眺める権利を要求しているところ、そうした到るところに、私は「高慢」という神学者的本能を見出した。……イデアリストは、聖職者とまったく同じことですべての偉大な概念を手中にしている(またたんに手中にしているだけではない！)。彼はそうした概念によって「悟性」や「感覚」や「名誉」や「富裕」や「学問」といったものを好意的な軽蔑をまじえてやりこめてしまう。彼はそうしたものを下方に見る。さながらそれらが有害な誘惑的な力であって、その上を「精神《ガイスト》」(霊)が純粋な対自的状態(in reiner Für-sich-heit)でただようといったあんばいである。純粋な精神《ガイスト》とは、純粋な嘘だ。

ヘーゲルという名はないが、ヘーゲルを思わずにこの一文を読むことはできない。そのすこし先に書かれている部分はますますそうである。

哲学は神学者の血によって堕落させられている、と私がいえば、ドイツ人ならすぐに納得がいくことである。プロテスタントの牧師はドイツ哲学の祖父なのだ。プロテスタンティズムそのものがドイツ哲学の「原罪」なのだ。プロテスタンティズムの定義は、キリスト教の――そして理性の――

半身不随ということである……ドイツ哲学が結局のところ何であるかといえば、——つまり狡猾な神学なのだ。このことを理解するためには「チュービンゲン神学部」(Tübinger Stift)という語を口にしさえすればいい……。シュワーベン人はドイツにおけるいちばん上手な嘘つきである。かれらは無邪気に嘘をつく……

ニーチェがヘーゲルに関連して述べている箇所は多く、ほかにも引用したい発言があるが重複する点もあり、あまりに委曲にわたるから省略し、以上でだいたいの輪郭があきらかになったものと考える。ニーチェとヘーゲルとの関係は、一方が一切の価値と意味を支えてきた神の死を宣言し、ニヒリズムの世紀の到来を説く預言者であり、他方はすべてを「精神《ガイスト》」に収斂し、その「精神《ガイスト》」が神学的なものと切っても切れないものであるというように、両者の関係を要約すれば、両者の距離と敵対的な関係は明白であって、くだくだしく述べるだけ野暮なようなものであり、いままでの引用文からもだいたいそうした結論になりそうである。

しかし、さらに考えて、ニーチェのヘーゲル観の大部分が思想史的、文化史的な側面に集中していること、つまり歴史的にヘーゲルを位置づける行き方であって、キリスト教批判の中にヘーゲルが包みこまれていること、これを限界と見るべきだが、さらに踏みこんで考える余地はないかということである。ニーチェが生前にあらわした著作の中にはそうしたものはないが、遺稿(従来「権力意志」と呼ばれたもの)の中には、そうした手がかりを与えるものがいくつかあるように思われる。

ニーチェが「神は死んだ」と言ったこと、そこからニヒリズムの洞察を引きだしたことは周知のことだが、すでにヘーゲルにも「神は死んだ」という表現があること、これはレーヴィットやティーリッケなどの諸家がつとに論じつくしているところで、ここでくわしく述べない。それは初期の論文「信仰と知識」にあり、また『宗教哲学』にも出てくる。しかしこの神の死、すなわちイエスの十字架上の死は、ヘーゲルのばあい結局弁証法の否定のモメントにすぎないので、ニーチェとは内容的にまったく違うのである。

しかし、ニーチェとヘーゲルの関係を前述のようにたんに「神の死」と「精神《ガイスト》」の対立と見るかぎり何もはじまらないが、ニーチェがニヒリズムの洞察から、さらにこれを克服しようとする最後の構想に移ったとき、すなわち「永遠回帰」の思想から「運命への愛」の境地にはいったとき、ヘーゲルとの関係にはある種の変化が生じるはずではなかろうか。一方ヘーゲルの宗教性は決してルターのようなソラ・フィデ的な信仰ではなく、むしろグノーシスに近いものであり、「理性の狡智」を挿入した彼の歴史観はニーチェの「善悪の彼岸」に立った考察と近接するものがあるように思われる。たとえば、「……最も有害な人間も種属の保持に関しては、あるいはこれまた最も有益な人間であるかもしれない。……憎悪、意地悪なよろこび、掠奪欲、支配欲、その他あらゆる悪と呼ばれるもの、それは種属の保持の驚嘆すべき経済《エコノミー》に属している。もちろん高価につく、浪費的な、全体的に見てきわめておろかな経済である。――しかしそれはすでに証明ずみのように、わが人類を維持してきたのである」。したがって「諸君の最善の、あるいは最悪の欲望に身をまかせるがいい、いや、とことんまで行って身をほろぼしてみるがいい。――どっちみち諸君はおそらく依然として何らかの意味で人類の促進者であり、恩恵者であるだろう」(『華やぐ知恵』)というのは、ヘーゲルの「理性の狡智」を別のことばでいったものである。ツァラトゥストラはいう、「世には善と悪とを結びつける塩がある。最悪のものでも刺戟剤となり、最後の沸騰のきめ手となる」(「七つの封印」)。

ヘーゲルの歴史哲学はひとつの弁神論《テオディツェー》であり、オプティミスムスを蔵するものだが、ニーチェの「運命への愛」と「永遠回帰」(一種の宿命論《ファタリスムス》である)から「ディオニュソス肯定」の境地にも、そのおもむきがある。それは万有の肯定であり、自由と必然の一致である。最後的にそうした境地に行ったニーチェには、従来の彼のヘーゲル像とはまたちがったヘーゲル像が浮かびあがる可能性がなかったろうか。

ニーチェが最も尊敬したドイツ人はゲーテであった。『偶像のたそがれ』の中の「ゲーテ」と題した一節は、無類のゲーテへの讃嘆であるが、「……弱さからではなく、強さからの寛容の人間、悪徳といわれようと、美徳といわれようと、弱さというものを除くほかは、もはや何ひとつ禁じられたもののない人間……そのような自由となった精神は、個物だけが棄てられるのであって、全体としては一切が救済され、肯定されるのだという信仰を抱きながら、悦ばしく信頼する宿命論《ファタリスムス》をもって万有のただ中に立つ――彼はもはや否定しない……そういう信仰はあり得る限りの信仰の中で最高のものである。」――そうしたゲーテ像だが、遺稿の中のいくつかの箇所は、ヘーゲルをこうしたゲーテ像に近づけるかのごとく見えるものがある。

有名な「ニヒリズムはわれわれの戸口に来ている」という断章の中には、世界の道徳的解釈が維持されなくなり、虚無へのあこがれが生じるなかで、――「『道徳的なる神』を克服する哲学的試みもなされた」として、括弧してヘーゲル、汎神論と書いてある。

また「哲学者についての迷信」と題されたものの中には、ドイツに生まれた男性的な批評精神（レッシング）の流れと、それをはばんで既存の信仰を支持するかのごとく見えるロマン主義と、この二つの傾向がヘーゲルにおいて絶頂に達し、また総括されるにいたったといい、これを呼んで「弁証法的宿命論」ということばを使っている。

さらに「三つの世紀」と題されたものは内容的にすこぶる注目すべきものだが、そこにはこうある。「ヘーゲルの考え方(Denkweise)はゲーテのそれからあまり遠くはない。ゲーテがスピノザについて述べている言葉を聞くがいい。そこには万有と生命を神化せんとする意志があり、これによって、それを直観し思弁することの中に平静と幸福を発見しようとするのである。ヘーゲルはいたるところに理性を求める――人間は理性の前には頭を垂れ、謙虚になることができるのだ。ゲーテの場合には、信頼にみちた一種のよろこばしい宿命論《ファタリスムス》があり、それは反抗をひきおこさず、意気沮喪も知らない。そして一切の全体の中ではじめて救済され、善かつ正なるものとしてあらわれるという信仰をもって、自己を一つの全体性にまで形成しようと努める。」(Nietzsches Werke, ed. K. Schlechta, Band 3, S. 512)

このように「ヘーゲルの考え方がゲーテの考え方からあまり遠くない」と考えられるならば、ゲーテの考え方を「ディオニュソス的と命名した」最後の段階のニーチェの考え方も、ヘーゲルの考え方にそれほど遠くないと言えるかもしれない。それは初期のほとんど敵視ともいうべきヘーゲル像から見ればまったくの変貌である。

ニーチェとエピクロス

ニーチェは生涯エピクロスのことを考えていたらしい。竜安寺の庭ではないが、数個の石がニーチェの頭の中にころがっていて、彼はそれをさまざまな角度から、四季おりおりの風情のもとで、というのはつまり彼の成長と変化につれて眺め、そのたびに評価を新たにしていた。

石といったのは過去の何人かの偉大な人物のことである。ニーチェと同時代に生きていた人を挙げれば、それはいうまでもなくワーグナーだ。周知のようにワーグナーに対しては、ニーチェは讃嘆から敵視へと評価を変え、愛憎を綯《な》いまぜにしていた。彼は最後までこの謎めいた芸術家の正体を考えつづけていた。

エピクロスもそうした一人、評価の点でも大いに変化した一人である。『人間的、あまりに人間的』の中で、ニーチェは、自分もオデュッセウスと同じように冥界に下ったことがある。これからも何度も行ってみたい。なぜなら冥界には、この世の、そのへんにいる連中よりも、もっと生き生きしている死者がいるからだ。その少数の死者たちは、自分の話し相手になり、議論に応じてくれる。自分は彼らの言葉に傾聴し、彼らに眼を凝《こ》らす。そして死者たちの眼が自分の方にも凝らされているのを感じる、などと書いて、その死者たちの四組の名を挙げている。——エピクロスとモンテーニュ、ゲーテとスピノザ、プラトンとルソー、パスカルとショーペンハウアー。

エピクロスは筆頭にあがっている。ニーチェはエピクロスについてはほとんど知れる限りのことを知っていた。つまりディオゲネス・ラエルティオスとルクレティウスをよく読んでいた。ことに前者の『哲学者列伝』は、隅々まで精読していた。その精読も普通の精読ではない。というのはニーチェはライプチヒ大学の学生時代に「ディオゲネス・ラエルティオスの資料について」という論文を書き、それによって古典文献学界のホープと認められ、そうしたきっかけでスイスのバーゼル大学から教職を提供されることになった。大学をまともに出ないうちに、他の大学から教授として招かれるのは、何といっても異例なことであり、その論文の卓抜さを証するに足るものだが、その論文の中でニーチェは『哲学者列伝』の最後の長い一章を占めるエピクロスの部分にくわしい検討を加え、これを重要な論点としているのである。だからニーチェは早くから——処女作『悲劇の誕生』以前から——エピクロスの人物と教説について深く考えているのである。エピクロスはいわゆるエピキュリアンという呼称で快楽主義者の教祖とされたが、そうした見解にも原点にさかのぼって検討しているわけだ。以来ニーチェの著作の随所にエピクロスの名が出てくるけれども、そのつどニーチェがいわば単なる関連で、エピクロスを引合いに出しているというのではなく、もっと親身《しんみ》な呼吸が、そこに感じられるのである。親身な、というのはニーチェの場合、自己に引きつけ、あるいは自己をその中に持ちこむということだ。従ってニーチェが変われればエピクロスも変わるというものだろう。いろいろなエピクロスが出てくるのも当然である。

贅沢の哲学。――一つの小さな庭園。いちじく。小さなチーズ。それに三人か四人の良き友、――これがエピクロスの贅沢であった。

『漂泊者とその影』の中にあるものだが、当時ニーチェは大学をやめ、一介の孤独な思索者となったので、こうした境遇にも思いをはせたと思うが、これもエピクロスの重要な側面である。賢者のつつましい快楽である。エピクロスは人性を考察し、快楽を重視したけれども、快楽に深入りすれば苦痛を招くにいたるという省察、快楽を精神化して、持続的なものにしたいという思慮から、結局ストア派の賢者と大差ない質素な生活を取ることになり、閑居をたのしむことになった。鴨長明の『方丈記』なども、書きだしはしきりと無常感に訴えるが、終末はむしろ閑居の安らぎを讃え、「方丈の住《すま》ひ楽しきこと、かくのごとし」などといっている。閑居は東西を問わず、静観的な知識人のおちつく理想郷のごとくである。しかし長明の閑居が無常の垣根を結《ゆ》いめぐらしているのに対して、エピクロスの園の向うには、その神、その独得な神が歩いている。

エピクロスの神は実に不思議な神である。それは人類のことなどまったく気にかけない神なのだ。ニーチェは「神は死んだ」といった。エピクロスの神は決して死んではいない。たしかに存在しているのだが、ただ人類にソッポを向いている神なのである。この神はオリュムポスに至福の生活を送っていて、人間のあらゆるいとなみ、その幸不幸などには眉根ひとつ動かさない。どこかに原爆が落ちても、よし地球がなくなっても、あるいは人類究極の平和が実現しても知らぬ顔である。

そして「この世界は断じて神々の力によってわれわれのために造られたのではない」(世界には実に多

くの欠陥があるではないか)、またさまざまな自然現象、天空や星などにしても「このような現象を神々の仕業に帰し、そればかりか、はげしい怒りを神々に持たせたとは、おお、人類は不幸なるかな!」——そんなふうにエピクロスの忠実な弟子ルクレティウスもその韻文の『自然について』の中で歌っている。摂理の考えもなく、被造物の観念もなく、弁神論の必要もない神である。

エピクロスの思想についていろいろな解釈が生じた原因の一つは、このソッポを向いた神にあるだろう(ヘルダーリンのあの美しい「ヒューペリオンの運命の歌」では、天界の柔かいしとねの上を歩む至福の存在と、運命の滝つ瀬に流されて「岩から岩へまろび落ちる人間」の断絶が歌われるが、これも似たような神観が根柢にあるものと見ていいだろう)。神々と縁が切れることは、人間に対する従来の宗教的ないしは道徳的な規制力がなくなることだから、ここからエピクロスがいわゆる快楽主義者の開祖にされたすじみちも見当がつく。明治三十年代にはじめて日本にはいってきたニーチェが、高山樗牛の「美的生活を論ず」によって個人主義者、本能主義者、美的快楽主義者と目されたことも、思いあわされるのである。

しかしエピクロスは神々を遠ざけながら、(矛盾のようだが)一面敬虔であった。エピクロスはデモクリトスを継承して原子論を取り、唯物論者であったが、彼がそうした理論によって打破ろうとしたのは、何よりもまず、神々にいろいろな仕事や役割を押しつける人間たちの俗見である。エピクロスは決して神々にはほこ先を向けない。彼の真意は神々をおとしめることにはない。むしろ彼はその閑居の中で、ひそかに賢者のモデルを神々に見ていた。一種のナルシシズムかもしれない。時には、彼はそうした神の眼で人間とその行為を眺めるというよろこびを持った。これが古代最後の大いなる哲人エピクロスの心境であり、達観であった(近代でこれに近いものを探せばやはりスピノザかもしれない。スピノザも無神論者で「神に酔える人」であった)。

『華やぐ知恵』にはつぎの断想がある。

――そうだ、私はエピクロスの性格をおそらくたいがいの人とは違ったふうに感じている。彼について読んだり聞いたりするすべてにつけて、古代の午後の幸福を味わうことができる。これが私の誇りだ。私は見る、エピクロスの眼が、日を浴びた岸辺の岩のかなたに、広大な白く光った海を見わたしているのを。大小の禽獣は日光の中でたわむれ、その日光のように、またかの眼と同じように悠々自適している。こうした幸福を編みだすことができるのは、不断に苦悩している者だけだ。こうした眼の前では、存在の海は凪いでいる。その表面、そのさまざまな色をした、繊細な、震えおののく海の肌を、その眼は飽くことなく眺める、――こうした眼の幸福。これほどつつましい欲望は、かつてなかった。

幸福に対してはその背後に苦悩の過程を想定し、健康のよろこびに対しては、病苦から快癒しつつある者だけがその醍醐味を知る、というふうにニーチェの思考は動く。エピクロスのつつましい幸福にも、この繊細な人物の不断の苦悩があって、はじめてこうした静かな安らぎが編みだされるとする。「古代の午後の幸福」という言い方にもそれがある。ギリシア人は生存の苦悩をすこぶる鋭敏に感得した民族であった(『悲劇の誕生』)。そうしたギリシア人の苦悩は、さながら病人が長いこと輾転反側した末に、死に近づきながら、一種の安らぎに到達するように、偉大な文化のたそがれどき、哲人エピクロスの明澄な視線となって、謙虚な快楽を具現したと見るのである。

ニーチェは一八七九年五月バーゼルを去り、その夏はサン・モリッツですごしたが、このオーバー・エンガディーン一帯の風物に心を奪われた。「自分の精神と生き写しのような自然」を、彼は見た。そうした感動が『漂泊者とその影』の中にいくつかのすばらしい文章となって結晶している。たとえば《Et in Arcadia ego》と題されたものだ。このニーチェのアルカディアについては、かつて書いたことがあるので(『手塚教授還暦記念論文集』所収のもの。本書四三―六八ページ)、繰返さないが、アルプスの夕方、そそりたつ岩壁、雪原、牧場、畜群、小川、すべてが偉大で、静かで、明るい。完璧な美の緊張が一切に及ぶ。これはまさしくプーサンかクロード・ロレンのようないわゆる「理想的風景」を描いた芸術家の画境であり、彼らはこうした風景の中にはギリシアの英雄たちを配するよりほか考えられなかったのだ。そしてこういう「英雄的で牧歌的」な世界を如実に呼吸して生きた最大の哲人がエピクロスであった、とニーチェは見る。

おそらくこのあたりがニーチェのエピクロス像の最も美しい形成であろう。しかしニーチェはそれだけでなく、ヨーロッパ思想史の重要な流れの中に、違った意味でエピクロスを屹立させる。たとえば『曙光』の中の「死後」と題されたアフォリズムを見るといい。

古代最後の時期は、キリスト教の出現とそのローマ帝国に対する勝利という大きな曲り角である。それに対してエピクロスの演じた役割があった。当時のローマ帝国内にはさまざまな信仰がいり乱れていて、その中には悪人や救われない者が死後において地獄の刑罰を受けるという教義のものがあった。エピクロスの真理感はそうした妄説のたぐいを根絶させたいと思った。彼の思想はそのすぐれた弟子ルクレティウスが受けつぎ、エピクロスの説はほとんど凱歌をあげそうだった。ところが新たに登場してきたキリスト教は、この「死後」という観念を取りあげ、地獄における刑罰という恐怖の心理を利用して、うまくたちまわったのである。——古代の諸民族は必ずしも死後の生命に執着していたわけではない。ユダヤ人にしても、悪人に対する極刑は死を課することだけで十分であって、罪人をさらに地獄に送りこみ、永遠にわたって苦しめるというのは彼らの想念になかった。彼らは現実的な民族であって、生そのものがだいじであり、その死は、最終的の死(死ねば死にきりの死)であった。それに対してキリスト教は「死後」の観念によって、永遠の堕地獄という不安と恐怖を、その宣教に利用した。それはたんなる最終的な死という考えより強力に人心をつかんだのである。最終的な死という考えが復帰するのは、近代科学の力による、とニーチェはいう。「科学は同時に死に関するあらゆる観念、あらゆる彼岸の生命を否定した。そのことによってわれわれの関心事はひとつ減った。すなわち「死後」はもはやわれわれと関係がなくなった。これはいいようのない恩恵であって、恩恵としてあまねく感得されるには、まだあまりにも新らしすぎるものなのである。——ここにあらためてエピクロスが凱歌を挙げる！」と、この時期のニーチェは書いている。

ニーチェにおけるエピクロス像は、最後に大きなどんでん返しを見せる。たとえば今挙げたようなキリスト教との関係は、最晩年(狂を発してからの十一年間は計算にいれない)の著作『アンチクリスト』の中でも、より強いアクセントを帯びて語られるが(五八節)、しかしそこには同時に(三〇節)「エピクロスは典型的なデカダンだ」という句が出てくる。このデカダンとかデカダンスという概念はニーチェがフランスのブールジェから借りたもので最晩年にしか出てこない言葉である。この時期にはエピクロスもワーグナーもキリスト教徒もみなデカダンの中に送りこまれる。どんでん返しと言ったけれども、そうした動きはかなり前から始まっていて、はっきり出ているのはたとえば『華やぐ知恵』の第五章の中の「ロマン主義とは何か」である(この第五章は一八八七年増補された分である)。ここではもちろんデカダンという言葉はないが――「こうして私は次第にエピクロスを理解するにいたった。――ディオニュソス的ペシミストの反対を――。同様に「キリスト教徒」を、――キリスト教徒は実際たんに一種のエピクロス派にすぎず、エピクロスと同じように本質的にロマン主義者である……」とある。

閑居といい、古代の午後の幸福といい、ディオニュソスの強烈な生命感に比較すれば消極的、退嬰的なことは当然で、ここまで来れば本来のニーチェがいよいよ開き直ったという感じがしないでもない。しかしこの経緯にはもっと詳しい、規模を大きくした解説を用意しなければなるまい。

こうしてニーチェのエピクロスは結局葬り去られたのであろうか。そういうふうには割り切れないのがニーチェで、それはワーグナーに対する関係がどこまでも切れないのと同じである。

『この人を見よ』の中の「偶像のたそがれ」の章で、ニーチェは『アンチクリスト』を書きあげた気分を述べている。

九月三十日、偉大な勝利。第七日。ポー河沿いの神の漫歩。その日のうちに私は『偶像のたそがれ』の序文も書いた。——私はこのような秋をいままでに体験したことがなかった。またこのようなことが地上で可能だとも思わなかった、——クロード・ロレンが無限に続いているようで、一日一日が等しく完璧の極みだった。

これはすでにトリノの発狂に近いオイフォリーの症状だといえるかもしれない。しかし、そこに神が漫歩するとあって(原文——Am 30. September großer Sieg; siebenter Tag; Müßiggang eines Gottes am Po entlang.)、「第七日」という表現があるから、創世記に結びつくようだが、いまさらニーチェにとってエホバではあるまい。eines Gottes のイメージは、キリスト教の神ではなく、ディオニュソスでもなく、やはりエピクロスの神に近いように思われる。なぜかといえばクロード・ロレンの風景の中をそぞろ歩きする神は、エピクロスの神でしかありえないからだ。エピクロスは最後までニーチェのかたわらにあったというべきではなかろうか。

イスカの喉もと ——ニーチェとその時代——

ニーチェは一八四四年十月十五日に生まれて、一九〇〇年八月二十五日に死んだ。これを日本の歴史年表に移してみると、天保十五年(弘化元年)に生まれて、明治三十三年に死んだことになる。大ざっぱにいって、幕末から明治にかけての時代である。福沢諭吉は一八三四年(天保五年)生まれだから、ニーチェよりも十歳年長になる(一九〇一年、明治三十四年没)。もっとニーチェに接近して生まれてきた人物を捜してみれば、同志社を創設した新島襄が一年前の一八四三年に生まれ、一八九〇年(明治二十三年)に没している。ニーチェが死んだのは世紀の変わり目の一九〇〇年だけれども、すでに彼は一八八九年(明治二十二年)一月以来精神錯乱の状態にあったから、最後の十一年八カ月ほどは廃人といってよく、そのへんを切捨てれば新島襄の生涯とほぼ同じくなる。さらに中江兆民あたりを調べると、これは弘化四年(一八四七年、すなわち二月革命の前年)に生まれ、明治三十四年(一九〇一年)に死んでいる(その翌年には正岡子規、高山樗牛などいずれも若くて——三十六歳と三十二歳——没している)。以上はとりあえず思想家たちを念頭に置いてみたわけだが、ニーチェとまったく同年に生まれて、しかもドイツときわめて深い関係にあり、日独交渉史の上で忘れがたい足跡を残した外交官に青木周蔵(一八四四—一九一九年)がいる。

東西の懸隔に眼をつぶっていえば、いまあげたような人たちはニーチェと同時代人といえるわけだが、なんといっても当時の状況は現代とは同日の談ではなく、幕末から明治にかけてのわが国の激動期は、雲烟万里のかなたのヨーロッパで、孤独な実存をまもり、反時代的な思想を呟いていたニーチェとは縁もゆかりもなさそうである。しかしそう断定してしまうこともあるいは早計であって、一個の地球上の近代世界で起ったことに、まったくつながりがないということはない。一見つながりがなさそうでも、一歩踏みこめば、やはりつながりの糸が足にかかるようである。

たとえばいま名をあげた新島襄にしても中江兆民にしても、ヨーロッパの地を直接踏んでいる。どちらも先進国の文化とその背景の精神を見きわめ、その信じるところを後生大事にかかえて祖国に持ち帰った。ひとくちに言って、新島はキリスト教(プロテスタンティズム)を、中江は民主主義(自由民権)をつたえた。彼らはいずれも明治四年(一八七一)十一月に出発した、岩倉具視を全権大使とし、木戸孝允、大久保利通、伊藤博文らを副使とする米欧への大使節団に関係してヨーロッパに行った。一行は四八名で、それに留学生五九名が加わるという大人数であった。その中には金子堅太郎、団琢磨、牧野伸顕などの顔もみえた。山川捨松、津田梅子などのいとけない女子留学生もいた。さながら当時の知的俊秀をすぐって出かけた観がある。当初の目的は条約改正だったが、この目的は滞米中に早くもついえた。当時の落首に「条約は結びそこない、金は棄て、世間へ大使、何と岩倉」。欧州ではもっぱら「回覧歴訪」を事とし、視察に終始したといえばそれまでだが、落首はだいじなものを見落としている。いまから見れば新しい日本が近代世界に乗りだしてこころみた大がかりなアイデンティフィケーションで、ここにはおのれの進路を決定しようという新政府の悲願がこめられていた。この留学生の一人として中江兆民は加わっていた。新島襄の方はすでに元治元年(一八六四)国禁を破って海外に出奔、アメリカで勉学中であったので、この年はじめて日本留学生として公認された上で、アメリカからドイツにまわり、ベルリンなどに滞在、教育関係の報告書作成に従事した。中江留学生の方はフランスに滞在、はじめリヨン、つぎにパリに移った。当時のフランスは普仏戦争に敗れたあとで、パリ・コミューンがティエール政府によっておさえられ、第三共和国が成立する過程にあった。

この二人がつたえたキリスト教と民主主義は、いうまでもなく明治初期の思想史上の大きなメルクマールである(キリスト教の解禁は明治七年。この年に新島は日本に帰った)。新時代の潮流は、こうした新しい思想の注入によって、鮮烈な色調の変化を生じたのである。

ところでこのキリスト教と民主主義は、同時代のヨーロッパにいたニーチェがいわば敵にまわしていたものだった。

「神は死んだ」といい、あの苛烈な『アンチクリスト』をあらわし、新約聖書を手袋をはめなければさわれない不潔な本だと言ったニーチェは、まぎれもないキリスト教の批判者であり攻撃者だといわなければならない。また、「超人」を説き、大衆社会を「群畜」と呼んだニーチェはあきらかに民主主義の同調者ではありえない。(フランスじこみの中江兆民はルソー流の急進的民主主義者だが、ニーチェの場合も民主主義といえばまずその脳裡にうかぶのはルソーなのである。たとえばジョン・ロックやジェファーソン以来の英米の民主主義の思想はほとんど彼の考慮にはいらない。ニーチェは社会の問題に関しては、ルソーを常に大きな敵(そして親しき敵)と見ていた。『ツァラトゥストラ』の第二部「平等の説教者」が毒ぐもタランテラとして描かれる背後には、ルソーがいる。ニーチェの視野にマルクスがまったくはいってこない理由づけのひとつは、こうしたルソーに収斂される見方ですべての社会主義者が最初から見られていることによる。)

新島も中江も、明治人らしい真摯純粋な眼で見て、その信じるものをつかんだのである。それはヨーロッパ文化の要《かなめ》であり、新しい日本にとってなによりも喫緊肝要と思われるものであった。彼らがつかみそこなったとは言えまい。そうしたものを白眼視したニーチェの方が特異な立場にあった。

ある人物を描くには、まずその人物の生きた時代を描かなければならないというのは定石だが、ニーチェの場合、この関係は複雑で、屈折している。ニーチェは生前(正確にいえば発狂以前)、ほとんど世に顧みられない著述家だった。「神の死」を叫んでも「超人」を説いてもなんのセンセーションも起きなかった。少数の友人を除いては反響がなかった。あの卓抜な文体、あのアフォリズムの切れ味がそれほど無視されたのは不思議なようだが、時代の流れが違った方向に流れていたともいえるだろう。

あとから引合に出す関係もあって、森林太郎に触れておこう。鷗外のドイツ留学は岩倉使節団よりずっとあとになる。鷗外は一八八四年(明治十七年)から一八八八年(明治二十一年)にかけて滞独し、その『独逸日記』に記録を残した。彼は一八六二年生まれだから、ニーチェより十八歳若い。二等軍医として洋行したときは二十二歳の若さであった。専門の分野は衛生学である。しかし彼は医学だけでなく、文学、演劇、思想の分野にも触手をはたらかせて、しきりに新知識の吸収につとめたが、ニーチェの名は一度も彼の耳朶に触れたことがなかったようだ。『ツァラトゥストラはこう言った』はすでに世に出ていたのだが、鷗外は知らなかった。これは鷗外の認識不足ではなく、当時ニーチェがまったく埋もれていたことを証拠だてるものなのである。(ニーチェの名が日本につたわったのは、鷗外が日本に帰り、ニーチェがすでに発狂した一八九〇年代の後半である。鷗外が賀古鶴所に宛てた手紙(明治二十七年)に、最初帰朝した入沢達吉からドイツの哲学書を借りたこと、その中で知ったニーチェについて「Friedrich Nietze《ママ》 は余程へんなる哲学者にて候、小生の今迄読居たる Hartmann とも関係あり、尤も Nietze はすでに発狂せり」とある。この鷗外の読んだものもニーチェそのものでなくおそらくゲオルク・ブランデスの評論であろうといわれている。鷗外がニーチェの名を活字にして挙げたのは「月草叙」(明治二十九年)である。このあたりからニーチェが世上にひろまりだした。しかし影響と呼びうるものがはじまったのは明治三十四年高山樗牛の「美的生活を論ず」をきっかけに文壇にまきおこった登張竹風、坪内逍遙その他によるニーチェ論議からと見ていいだろう。日本におけるニーチェ影響史はこのあたりからで、いま書いているのはその前史である。)

いずれにせよ、ニーチェはその時代をくわしく調べれば、その中にはめ絵のようにおさまってしまう思想家ではない。彼はジョン・ロックではない。あの名誉革命の擁護者のように時代と密着してその思想を練ってはいない。ニーチェの本領はむしろ時代の中に解消しきれない部分にあるともいえる。しかし時代をまったく超越したともいえない。自然に抱かれて塵外境に遊ぶ隠者ではない。彼の中には東洋的といいたいような要素がかなりあるものの、ニーチェは寒山拾得ではない。むしろ反時代的ということは、時代と否定的な意味で関係を保っているということだろう。
明治の若い精神たちとニーチェを結びつけて考えようとしても、イスカの嘴《はし》のくいちがいの感がしてくる。関係づけることが無理な気もする。しかし嘴はくいちがっていても喉もとはひとつとも考えられ、この喉もとのところをもうすこし見つめてみよう。

前記岩倉使節団がイギリス、フランス、ベルギー、オランダを経たのち、ドイツを訪れたのは一八七三年(明治六年)の三月から五月にかけてであった(その間にロシア、デンマーク、スウェーデンへも出かけている)。この時代のドイツはいわゆるグリュンダーツァイト(Gründerzeit)もしくはグリュンダーヤーレ(Gründerjahre)と呼ばれる時期で、「泡沫会社氾濫時代」などというものものしい訳語が辞書に見える。これは普仏戦争に大勝を博したドイツがよろこびに湧きたっていた時代のことで、一八七一年から七三年にいたる。敗者フランスはパリ・コミューンの暗雲深くたちこめているのに、ドイツの方は莫大な賠償金(五十億フラン)がころがりこみ、それが企業の成立もしくは拡大にまわった。石炭と鉄鉱(ロートリンゲンを取得)が豊富に使えるようになった。ドイツ商品は英仏米の市場に進出しはじめた。俄か景気の様相である。大仏次郎『パリ燃ゆ』の中に、スダンの陣営で戦勝が決定的になったとき、最上のご機嫌のビスマルクはコニャックを瓶でラッパ飲みしたとある。いわばその酔いがドイツ全土にひろがったようなものだ。株式会社がやたらにでき、その後の四年間におけるドイツの溶鉱炉、製鉄所、機械工場のできた数は、十九世紀にはいってそれまでの七十年間の総計にひとしいという調子である。誰も彼もが新しい株を買い、ぬれ手で粟をつかむ気分だった。しかし中には目算ちがいで工業化がおくれた部門もあり、アメリカにおける銀の発見がもたらした国際経済の危機にまきこまれ、やがて破産する会社が続出する。過熱した景気はさめて、この時期は終わった。しかし何はともあれ、ドイツ帝国は成立した。民族統一の宿願は成就して、鉄血宰相ビスマルクの外交的手腕にヨーロッパ諸国が踊らされる時代がくる。

このグリュンダーツァイトのただなかに岩倉使節団はドイツを訪問していたのである。だから当時のドイツ社会における人心の興奮と風俗の荒廃を、かれらはすくなくとも横目に睨んだはずであり、使節団の記録係をつとめた権少外史・久米邦武のすぐれた筆致による『特命全権大使米欧回覧実記』には、それと思わせる描写がある。

此府（ベルリン）ハ新興ノ都ナレバ、一般人気モ、朴素ニシテ、他大都府ノ軽薄ナルニ比セザリシニ、繁華ノ進ムニ従ヒ、次第ニ澆季シテ、輓近殊ニ頽衰セリ、且近年頻ニ兵革ヲ四境ニ用ヒ、人気激昂シ、操業粗暴ナリ

グリュンダーツァイトの実体把握にまでいたってないが、「繁華」が進み、しだいに「澆季」の世の相を呈し、「輓近」ことに「頽衰」したといっている。「近年兵革ヲ四境ニ用ヒ」は、デンマーク戦争

(一八六四年)、普墺戦争(一八六六年)、そして今度の普仏戦争を指しているのであり、そうした結果「人気激昂シ、操業粗暴」となった。「操業」は操行と同じである。ベルリンの人間はやたらにビールを飲み、煙草を吸う。兵隊や学生が「跋扈」している。兵隊は戦争を何度もやったあとだから無理もないが、学生の気分も「激昂」であり、その行動は粗暴であるとしている。

(学生は)遊園ニ劇飲シ、酔ヲ帯ビテ高吟朗謡、或ハ路傍ニ便溺《べんでき》ス、又兵隊ハ、暇日毎ニ盛服シテ、遊園ヲ彷徨スレバ、冶婦《やふ》ノ過ルモノ、ミナ一眄シ情ヲ送ル、俳優ニ似タルアリ……曾テ「ウンテル、デン、リンデン」街ノ写真店ニユキシニ、店夥《ミセノモノ》酔テ秘戯ノ写真ヲ、公然ト売ラントセシコトアリ、欧州ノ各都ニテ、春画ヲ公然ト人ニ販《ヒサ》グニアヒシハ、只此府アルノミ

これはグリュンダーツァイトのただなかにあるベルリンの風俗図と見ることができる。久米邦武の観察は冷静で、プロイセンの荒っぽいところが学究肌(のちの東大国史学教授)にあわないところもあり、おのずから批判の口吻が漂っているようだ。

しかしこうした眼前の印象とは違って、使節団の首脳の見るところは、もっと基本的な政治力学に決定されたものだった。久米邦武自身にしても『実記』の編纂後、その巻頭に「例言」を書き加え、明治維新というこの「古今未曾有ノ変革」の大要を三つ数えあげている。「将門ノ権ヲ収メテ、天皇ノ親裁ニ復ス、一ナリ、各藩ノ分治ヲ并セテ、一統ノ政治トナス、二ナリ、鎖国ノ政ヲ改メテ、開国ノ規模ヲ定ム、三ナリ。」そのどれ一つをとっても大変な改革なのに三つをあわせて実現することができた。これは人為などというものではなく、ほとんど天為というべきだが、よく考えてみると、どれも「世界気

運ノ変」によらないものはない。鎖国の状態はもはやつづけられない。そこで開国ということになれば政権の統一が必至となり、政権を統一するためには諸侯の権力を取りあげなければならない。「日耳曼ノ連邦ニ於ル、以太利ノ法皇ニ於ル、皆時運ニ催サレ、改革百端、危クシテ後ニ維持セリ、我邦今日ノ改革モ亦然リ」と書いた。

久米は歴史家らしく世界史の流れを見ているわけだが、ドイツが多くの分裂した領邦をかかえ、イタリアが法王の勢力に手こずりながらも、国家統一の難事業をなしとげたということ、この過程を近代日本の動向とパラレルに見ているのである。これは当時の先覚者に共通な見解であったといえるだろう。イタリアはしばらく問わず、新興ドイツは日本が直面するものと類似した問題にたちむかい、みごとに、力強くこれを解決した尊敬すべき先輩なのだ。あらゆる意味でわれわれはこの兄貴分に学ばなければならない。使節団は英米仏の各国を見て、その文明の高いことに驚嘆し、とても及びがたいという感を深くし、それだけに遅ればせにその仲間入りを果したプロイセン(ドイツ)には大いに見習うべきところがあると思った。「帝権」を擁している国柄も似ているし、ビスマルクの強大な指導力には心から敬服した。その筆頭は、一行中の実力者大久保利通であった。

大久保は渡欧以前から、ヨーロッパ随一の外交家としてのビスマルクを尊敬していたし(すでに欧州留学をおえて帰った西郷従道から普仏戦争の成行などを聞いていた。明治三年九月岩倉宛書簡)、実際の見聞もこれを裏書したようだ。プロイセン議会の開院式を参観したり、ビスマルクの招宴に応じて、その示唆に富んだスピーチを聞いたりした数日後、故国の西郷隆盛らにあてて近況を報告しているが、

ドイツのことを述べ、

当国ハ他ノ欧洲各国トハ大ニ相異ナリ淳朴之風有之、殊ニ有名ノ「ビスマロク」「モロトケ」等ノ大先生輩出、自ラ思ヲ属シ候心持ニ御坐候

と書いた。この「自ラ思ヲ属シ候心持ニ御坐候」の一句には大久保の感慨が濃縮されているようだ。さらにつづけて

已前ニ当政府ノ事モ種々風説モ有之候エドモ、実地ヲ目撃候エバ相違ノ廉少ナカラズ候。殊ニ「ビスマロク」ハマスマス信任セラレ、何ゴトモ此人ノ方寸ニ出ザルナシト察セラレ候。去ル十二日議院開業ノ礼典一覧ニ参ジ候。帝親臨シテ議案ヲ読ム。ソノオモムキハ税ノ事、砲台築造ノ事、小給ノ兵士給料増ノ事以上三ケ条ナリ。マスマス陸軍ニ力ヲ用ヒ候オモムキニ相見エ申候。凡テ仏ノ償金ヲ費シ候間、此上一層ノ強国ト相成申スベク候。陸軍調練モ一覧イタシ候。当時農暇コレ無キ時分ニテ大調練デキズ小人数ニテ候エドモ、ソノ整厳感伏ニ堪エズ候

一読いかにも大久保らしい知見とそのドイツにおける感銘が推察され、どことなくドイツがその後の日本に及ぼした牽引力さえ納得せしめるものがあるように思われる。

明治政権はその理想を、プロイセンの国家像になぞらえて描いた。使節団の岩倉・木戸・大久保らが帰国して、西郷、板垣らの反対派を政府から追放したあとでは、この方向は決定的になった。憲法制定にかけてのこの路線は、ドイツがいよいよその勢威を振いつつあったことで一層強化される。明治十四

年十月には詔書が発せられ、明治二十三年を期して、日本にも国会を開設することになった。「ドイツは大宰相ビスマルクが皇帝ウイリアム一世を輔翼し、ヨーロッパを震撼せしめた勢いの盛んな時代であり……世界の憲法国中でも君権の旺盛な国」でもあるので、その「ドイツに伊藤(博文)参議を派遣して憲法を取調べさせようということに廟議が決定した」と憲法草案の起草に参画した金子堅太郎はのちに書いている。そこで伊藤は伊東巳代治らをしたがえてドイツに行き、「グナイスト、スタインらの碩儒について、憲法政治の原理を研究することになった」(『憲法制定と欧米人の評論』)。

この日本における憲法制定準備の十年間は、ニーチェの『ツァラトゥストラ』にはじまるところの(思想的発展を三段階にわけた上での)いわゆる「後期」にあたっている。彼らしい特色が最も濃く出た時期といえる。(それは前述したように森鷗外のドイツ留学期をも内包している。伊藤――一八八二年三月十四日東京発、五月から翌年二月までウィーンでグナイスト、スタイン、モッセらの講義を聞き、一八八三年八月三日帰国。森鷗外――一八八四年八月二十四日出発、一八八八年九月八日帰国、ニーチェ著作活動最後の年にあたる。なおニーチェの方も念のため記せば、一八八三年二月、イタリアのラパロ(後述)において『ツァラトゥストラ』の第一部成立、その夏スイスのジルス・マリーアで第二部、翌年一月南仏ニースで第三部、十一月から翌年二月にかけてマントーンおよびニースで第四部それぞれ成立。一八八四―八五年『善悪の彼岸』執筆(刊行は一八八六)、一八八六年『道徳の系譜』、一八八八年三月以後トリノに滞在、『ワーグナーの場合』『偶像のたそがれ』『ワーグナー対ニーチェ』『アンチクリスト』『この人を見よ』、翌一八八九年正月発狂。)

もちろん森林太郎だけが当時ドイツに留学したのではない。すでに普仏戦争直後ですら「相前後してベルリンに来れる百余名の留学生」があった(『青木周蔵自伝』参照)。

明治十七年(一八八四)頃のドイツは帝政隆々たるものであって、当時日本の大学卒業生のごときも、留学といえばドイツをめざして行ったくらいのものであった。西洋の学問は政治学でも経済学でも、何でも彼《かん》でもドイツドイツというほど、ドイツ国の旺盛な時であった。それで伊藤参議がドイツに行かれたのも、あの帝権赫々たるドイツに行ったならば、日本のごとき君主独裁の国において、参考とすべき事がありはしないかと思って行かれた。(金子堅太郎)

ここでは明治憲法成立の経緯も、当時の留学生の状況も述べるつもりはないので、ただ当時のドイツがこういうふうに受けとられていたことをつたえているだけだが、そうしたドイツのイメージ、また「西洋の学問は何でも彼《かん》でもドイツドイツ」という風潮に、若き鷗外たちが何の疑念もさしはさまなかったのは当然極まることというべきだろう。鷗外は身分として軍人であり、医学(衛生学)を修めようとしていた。当時のドイツは学問のほとんどすべての領域で業績をあげていたが、ことに医学と軍事学に関してはまさに範とすべき国であった。彼らは摂取に余念がなく、批判どころではなかった。鷗外よりも四年ほど前にドイツに行った小金井良精の伝記が、さきほど星新一氏によって書かれたが(『祖父・小金井良精の記』)、その中にビスマルクに関しての一章があり、その結びは「鉄血宰相と呼ばれたにもかかわらず、普仏戦争のあとは、とくにロシアとの友交につとめ、ビスマークはヨーロッパの平和維持にその頭脳を傾けた。ドイツは自信にみちた、活気あふれる、最もよき時代であった。そこへ良精は留学したのである」とある。
たしかにそのとおりに相違ない。「自信にみちた、活気あふれる、最もよき時代」――多くの留学生ばかりでなく、明治の知識人はそう見ていた。

ところでこの同じグリュンダーツァイト(泡沫会社氾濫時代)に、若きニーチェは『反時代的考察』を書いていた。一八七三年の四月の末から六月にかけてその第一篇「ダーヴィト・シュトラウス――信仰者・著述家」を書きあげた。だいたい岩倉使節団がドイツそしてオーストリアにいた時期である(使節団は三月から五月ドイツを見、イタリアを見てから、六月オーストリアにはいった)。だから『反時代的考察』における「時代」とは、直接的にはこの時代であり、戦勝に酔いしれている知識人(教養ある俗物)に警告を発して、「ドイツ帝国の肩をもって、ドイツの精神を亡ぼすな」とニーチェはいったのである。グリュンダーツァイトの現実を頭に置いて『反時代的』を読むと、いろいろ腑に落ちるふしぶしがある。ニーチェの『反時代的』は四篇から成り、処女作『悲劇の誕生』につづく著作であるが、この第一篇は、「教養ある俗物」(Bildungsphilister)という新語を、ドイツ語の辞書の中に持ちこんだといわれる。その俗物のモデルとされたダーヴィト・シュトラウスは、元来はヘーゲル門下の進歩的な神学者であった。かつての著『イエス伝』(一八三六)は、その賛否をめぐってヘーゲルの弟子たちが左右両派に分裂する端となったものだ。イエスの伝承にまつわる超自然的奇跡の要素を後代の付加した神話と見たのである。彼はしかしその後、時代につれてダーウィンの進化論をとりいれ、一種の自然主義的汎神論に傾いてゆき、一八七二年には『古い信仰と新しい信仰』と題する一書をあらわした。いま読んでもいかにも弛《たる》んだ感じのものだが、ニーチェはこの書をとらえて、時代への攻撃を開始した。

この『反時代的考察』の冒頭はよく知られている。要約すればこうである――

ドイツは戦勝のよろこびに酔いしれ、文筆の士はこぞってこの感激を書きたてている。しかし大きな勝利には大きな危険がひそむ。ドイツ人はこんどの対フランスの戦争で、文化的にも勝ったと、ドイツ文化がフランス文化に対して勝ったと、思っている。これはたいへんな錯覚で、こんなことではせっかくの勝利が、そのうち敗北に変わるかもしれない。「ドイツ帝国」に名をなさしめようとして、ドイツ精神の敗北、いや根絶《ねだ》やしということにもなりかねないのだ。――ドイツ文化の勝利などはすこしも証明できない。フランス文化は存続しているし、ドイツ文化はやはりそれに大きく依存している。ドイツ軍における厳正な軍紀、天性の勇気と忍耐、指揮者の優秀、配下の一致と服従、要するに文化とはあまり関係のない要素が勝利に結びついたにすぎない。ドイツで文化を自称し、軍事的成果に便乗しているえせ教養をのさばらせてはならぬ。ジャーナリズムには自己陶酔、幸福感があふれている。いい気になって古典作家なみの全集を出したりしている。一方学者階級は自分の専門にかまけて、ドイツ精神の心配までできない。かれらはドイツの学問が現代、いやあらゆる時代を通じての最も成熟した果実だとうぬぼれている。しかし結局今日のドイツの学者がみずからの教養と呼ぶものとジャーナリズムのいいたてている教養とのあいだには、知識の量に関しての差しかない。真の教養についていえばどちらも五十歩百歩である。要するに、ドイツの将校のより広い知識、その軍隊のより多大の教育、またより科学的な戦略によって、ドイツはフランスに勝ったのだ。それだけのことである。たとえば教養的には較べものにならないギリシアの軍隊に対して、マケドニアの軍隊が勝ったようなものだ……

そのあとでニーチェは文化とは何かと問い、例の「文化とは民族の生活表現にゆきわたった芸術的様式の統一だ」という有名な定義を持ちだし、ドイツ当代の文化は一見相当に見えてもむしろ野蛮、無様式、あるいはあらゆる様式をふくんだ混沌の状態でしかないという指摘がつづく。実際このグリュンダーツァイトにはきわめて無趣味で殺風景な建築物が続々とたてられ、そのためベルリンは醜悪な都市だという評判を得るにいたった。ニーチェは手きびしく書く。

衣服を見ても、部屋を見ても、家屋を見ても、あるいは街路を歩いてみても、趣味工芸の店にはいってみても、すべてがこのことを教えてくれる。交際場裡でわが立居振舞のお寒さを思い知らされ、美術館に行き、音楽、演劇、オペラのよろこびを求めても、そのただなかで、ありとあらゆる様式がただもう併立し重なりあっているのを意識させられる。

こうした状態はのちに『ツァラトゥストラ』の中の「教養の国」の章でも取上げられ、痛烈な戯画化を見るが、こうした分裂と混乱は視点を変えてみると、いわゆる世紀末のデカダンスにつながってゆく大きな地すべりの現象とも見え、ニーチェにしてもこうした変革の時期をその後いろいろ分析し評価しているのである。

それにしても時を同じくして、一方では岩倉使節団が抱いたような眩しいばかりの力強いドイツのイメージがあり(明治以後も、それは第二次大戦の枢軸関係にいたるまで影響した)、一方ではニーチェの『反時代的考察』が生まれている。ここではいちはやく「ドイツ帝国」への懐疑がのぞいているのである。(同じ時期における、ニーチェの講演「われわれの教養施設の将来について」の中にも、はっきりとプロイセンに対する批判が出ているし、それは同時にヘーゲルの国家観への批判でもある。なお晩年に書いた『この人を見よ』の中で『反時代的考察』を回顧した要約の中では、「帝国」「教養」「キリスト教」「ビスマルク」「成功」などと称する一切のものにここで傲然たる侮蔑の眼が向けられた、と書いている。挙げられた「帝国」以下の五つは当時の日本のエリートを眩惑した一切にほかならない。)

ニーチェの時代はひとくちにいえばビスマルクの時代である。この時代の明るい側面が岩倉使節団の見たものであり、暗い側面がニーチェやその同僚であったすぐれた歴史家ブルクハルトの見たものであったといえるだろう。二つのイメージをならべれば、時代の明暗が染めわけられるかもしれない。たしかにビスマルクの時代、さらにそれにつづく第一次世界大戦勃発までのいわゆるカイゼルの時代(ウィルヘルム二世時代)に、ドイツは各方面で飛躍的な発展を遂げた。経済ひとつをとっても、工業生産の伸びは驚異的なものであった。生活水準は急速に高まり、ドイツの学問と技術は、国際的に折紙をつけられた。また一八八〇年代のビスマルクは社会政策にも力を注いだ。しかしそうした明るい面の背後に大きな危機が胚胎していたことは否定できない。若干の具眼者にはそうしたものが見えた。ニーチェはその一人であったといえるだろう(「帝国主義」という言葉は、もちろんニーチェはまだ知らなかった)。

グリュンダーツァイトを言いだしたので、これに関連して一、二の考察を試みることにする。

一つは鷗外に最も影響したと思われる哲学者エードゥアルト・フォン・ハルトマンについてである。ハルトマンは、このグリュンダーツァイトの代表的な哲学者と見ることができる(主著『無意識の哲学』は一八六九年刊行、二十五歳の若さで書いた)。さしずめ思想的な「泡沫会社」の株を鷗外がつかまされたような気が、私にはしてならない(もっとも賢明な鷗外のことで財布の底まではたいてはいないが)。ニーチェは『反時代的』の第二篇「生に対する歴史の利害」で、ハルトマンを痛烈に批判しているが、世間的反響はなく、鷗外の耳にもはいらなかった。鷗外は順序を逆に、ハルトマンを読んでからショーペンハウアーを読み、「ハルトマン・ミヌス・進化論」だといった(『妄想』)。鷗外には、ニーチェをいらだたせたものがぜんぜん見えていない。ニーチェはしかしハルトマンに対して、「教養ある俗物」とはちょっと違った取扱いをしているように見える。ニーチェによればハルトマンは器用すぎる哲学者なのである。このグリュンダーツァイトから、さらに八〇年代にかけて、ショーペンハウアーの厭世観を骨幹にしたハルトマンはともかく大いに読まれたらしい。鷗外はその評判を「その頃十九世紀は鉄道とハルトマンの哲学とを齎したといった位、最新の大系統として賛否の声が喧しかった」と書いている

(『妄想』)。しかしこれは他面、この七、八〇年代のドイツがいかに哲学的にも文学的にも低調であったかを語るものでもある。ハルトマンは器用に、ショーペンハウアーに自然科学、進化論、歴史主義、そしてヘーゲルを接合して、この時代に迎合する哲学を提供したともいえるが、ニーチェはハルトマンが最初からドイツ的ペシミズムを茶化してかかり、「あの泡沫会社氾濫時代にどこまでドイツ人を愚弄しうるか」をこころみた悪ふざけのパロディストではなかろうか、と見ている。いずれにせよハルトマンはショーペンハウアーがせっかくその恐怖の視線とともに、神の失われた近代世界に提出した「生存にそもそも意味ありや」という真剣な問いをはぐらかしてしまった(『華やぐ知恵』三五七参看)。若くいちずなニーチェにとっては、それはがまんのできないことであった。

もう一つ注目しておきたいことは、ニーチェがこの時代におけるワーグナーをやはり救い出し、区別していることである。『善悪の彼岸』の二四〇はワーグナーの「マイスタージンガー」序曲を取扱ったもので、名文として有名な箇所である。トーマス・マンは『この人を見よ』の中の霊感を語った箇所と、いわゆる『力への意志』の最後にのっているディオニュソス的宇宙像のところと、この「マイスタージンガー」序曲の「すばらしい」分析をニーチェの文章の三つのさわりに数えている。「マイスタージンガー」初演は一八六八年(明治元年)ミュンヘンでルードウィヒ二世(鷗外『うたかたの記』に登場する国王、ワーグナーの支援者)の来臨のもとに行われたが、その年のうちにニーチェもライプチヒでその序曲を聞いて感動した。(この『善悪の彼岸』における分析を書いたのはもちろんずっと後、十数年を経過している。）このような名文はとても翻訳の手に負えるものではないが、ともかく意味を汲んでおく。——

——私はリヒアルト・ワーグナーの『マイスタージンガー』の序曲をまたしても初耳のように聞いた。これこそは華麗で、内容過多の、いかにも重たい末期の芸術作品であって、これまで二世紀の音楽がいまも生きつづけているのを前提としたうえでようやく理解できるものだ。……ここにはどんなにさまざまな気質や力が、どれほどの季節と風土が混りあっていることだろう！　ときには古代風を思わせ、ときにはいかにも異国調、まだ渋くて未熟だといいたいところもある。気ままな出かたを見せるかと思うと、豪宕な伝統を継承し、悪戯者《シエルム》をきどったところも相当あるが、むしろ粗野で粗暴な部分が多い。熱もあり雄々しくもあるが、同時におそく熟《う》れた果実のように朽《く》ちてたるんだ皮もある。洋々と流れてゆく大河かと思えば、突如不可解なためらいの瞬間があり、いわば原因と結果のあいだのひび割れのようで、聞くものにのしかかる夢魔となる。——そう思っていると、またすぐ前どおりの快適な流れ、いかにも複雑な快感、古くて新しい幸福感の流れがひろがる。この幸福感は作者が自己自身について陶酔しているのでもあって、彼はそれを隠そうとしない。ここに使われた芸術的手法は新らしく獲得されたもので、まだ十分吟味されたものではない。しかも作者はこれを自在に駆使し、そのおどろくばかりの幸福な自覚をわれわれに告げようとしているのだ。それにしても総じてここには「美」がかいもくない。南国がない。南国の空の澄んだ明るさがなく、優雅がなく、舞踏がなく、論理への意志がほとんどない。あまつさえ一種ぎごちないものがあって、ことさらのその強調はまるで作者が「これこそ私の意図なのだ」と言おうとしているようだ。重苦しい衣裳があり、何かわざとらしい野蛮と荘重があり、学識をつたえるりっぱな宝石やレースがきらめいている。これこそ最善また最悪の意味のドイツ的なものであり、いかにもドイツ流儀に複雑で、不恰好で、割りきれず、汲みつくせないものがある。ここにはまたたましいのドイツ的な威力と充溢があるが、これがためらわずに洗練された頽廃をまとい――しかもそこではじめて居心地よく感じているらしい。この作品は若くて、同時に老い、熟れきって、しかもなお未来に富んでいるドイツ魂の真のあらわれである。こうした音楽こそは、私がドイツ人について考えていることをもっともよく表現している。ドイツ人は一昨日と明後日の人間であって――彼らは今日を持っていない。

実にみごとな分析で、ワーグナーの音楽と同時に時代精神が、鏡にうつしたようにとらえられている。もしニーチェが意地悪くかかったら、「序曲」の矛盾、様式のなさ、混沌、無統一を指摘することで、これをグリュンダーツァイトの非文化の中に送りこむこともできたろう。しかしニーチェはそうしなかった。「序曲」の分裂と錯雑を非難と攻撃の材料にはせず、むしろ時代の無様式をワーグナーが表現したものと見た。グリュンダーツァイトとドイツ人そのものの音楽的表現と見ることでワーグナーを救っている。ここにあるのは、「無様式の様式」へ向っての近代芸術の新しい転回であり、世紀末から現世紀の初頭にかけての大きな文化的変貌の予感である。グリュンダーツァイトの積極的な評価が、この一文にあるともいえる。

ニーチェの時代はビスマルクの時代であり、ニーチェはこの時代にたいして違和感を持っていた。彼が「帝国」に対して、その成立時から批判的であったことを、われわれはすでに見た。たしかに彼は「反時代的」であった。しかしニーチェの場合、そこにアンビヴァレンツがあって、単純に言えないいろいろな要素が同時的に介在していたと思う。思いだすままに一例をあげれば、こういうこともある。『この人を見よ』の中には、『ツァラトゥストラ』の第一部の成立を回顧した一節がある。引用する。

——それにひきつづいての冬を、私はジェノヴァに近い、あの閑静なラパロ湾ですごした。キャヴァリとポルト・フィノ岬のあいだにくいこんでいる入江である。私の健康は最善ではなかった。その冬は寒く、雨が多かった。海ぎわの小さな宿屋で、夜は浪の音で眠りをさまたげられた。いろいろな点で閉口することばかりだったが、それにもかかわらず、いわば「すべての決定的なことは『それにもかかわらず』起こる」、という私の信条を立証するかのように、この冬、この悪条件のもとで、私の『ツァラトゥストラ』は誕生したのだ。——午前は、私は南方へ向かって、ゾアリイに至るすばらしい道を登っていった。傘松がならび、はるかに海が望まれた。午後は、健康が許しさえすれば、サンタ・マルゲリータからポルト・フィノの向こうまで入江全体をまわった。この場所とこの風物は、皇帝フリードリヒ三世のこよなく愛するところであったということによって、私はいっそう親しみをおぼえた。たまたま私は一八八六年の秋にも、この海辺を訪れたが、それは皇帝がこの小さな忘れられた幸福境を、最後に訪れたときであった。——この二つの散歩道で『ツァラトゥストラ』第一部の全体、とりわけツァラトゥストラその人のタイプが私の心に浮かんだ、というよりむしろ彼が私を襲った、と正確には言うべきだろう……

『ツァラトゥストラ』はニーチェ自身が最高の評価をくだしている作品で、その成立過程はほとんど神聖な畏怖といいたいような調子を帯びて語られているが、そうした中へ皇帝フリードリヒ三世が顔を出すのは、ちょっと異様な感じである。このドイツ皇帝にたいするニーチェの親近感は読者をとまどわせるだろう。ことに『この人を見よ』は、それまでにも、またその先でも(たとえば『ワーグナーの場合』について述べた章)、これ以上ひどくは言えないと思うくらいドイツとドイツ人をこきおろしているからだ。「帝国」とプロイセンとヘーゲル(そして暗にビスマルク)が罵倒され、「ドイツの及ぶところすべての文化は汚染される」と言ったばかりの舌の根も乾かぬうちに、皇帝フリードリヒ三世に与えられたこの例外的な地位は、ニーチェのドイツへの敵意がどういうものかをあらためて考えさせる。一八七一年普仏戦争に勝ち、ヴェルサイユ宮殿で即位した皇帝ヴィルヘルム一世は一八八八年に世を去った。(鷗外の『独逸日記』の終わりに近く「三月八日……午後独逸帝病篤き報あり。全都騒然たり。九日。独逸帝維廉第一世崩ず」とある。この年の七月五日鷗外はベルリンを去り、帰国の途についた。)皇太子がそのあとをついだが、皇太子はすでに病床にある身であった。帝位にあることわずか三カ月。これがフリードリヒ三世である。そのあとがその子ヴィルヘルム二世(いわゆるカイゼル)で、意見の相違から二年後には大宰相ビスマルクをしてその職を辞するのやむなきにいたらしめた。一八八八年はニーチェの精神活動の最後の年であるが、この一八八八年の一年間に三人の皇帝がドイツに臨んだわけで、内容的にもドイツ史にとっての大きな曲り角である。このフリードリヒ三世は、その長い皇太子の身分のあいだ、自由主義者たちの期待が集まっていた。その妻はイギリスのヴィクトリア女王の長女で、賢明で精力的なひとであり、反ビスマルク的でもあった。進歩的な市民はすくなくとも英国に範をとった立憲王制という路線(ビスマルクの独裁を制止して議会の勢力を強める)を、この皇帝に期待していたのだった。だがニーチェをひきつけたものは、政治的なものでなくむしろ皇帝の人柄であったろう。しかしそうした一切を考慮した上でも、ここに皇帝が出てくるのは何か唐突な感じがする。ニーチェのプロイセンへの反感は、ホーエンツォレルン家自体への感情とはまた一線を画しているようで、こうしたアンビヴァレンツはニーチェの心理のかなり深いところまで達しているようである。

ニーチェはザクセンの人である。しかしプロイセン人である。ライプチヒから遠くないリュッツェン(かつて三十年戦争のとき、スエーデン国王グスターフ・アドルフが戦死をとげた古戦場)近郊のレッケンという村で生まれた。このあたりはザクセンといえばザクセンだが、一八一五年のウィーン会議の結果、プロイセンに割譲された地方である。ルターの生まれたアイスレーベンなどとともに、プロイセン領ザクセンのメルゼブルク県に属する。だからニーチェはれっきとしたプロイセン人(もちろんユンカーではないが)であって、その後の彼の思想から見て、彼はこの点で微妙な感情を持っていたようである(『この人を見よ』の中で、彼は自分の誕生日がプロイセン王フリードリヒ・ヴィルヘルム四世のそれと一致しているのでフリードリヒ・ヴィルヘルムと名づけられたことを書いている。しかしそのすこし前の箇所で、自分がポーランド人の血統をひいていて、おそらく「良きヨーロッパ人」となるのは容易であると言いつつ、この最後の反政治的ドイツ人である私は、ドイツ帝国臣民でしかない現代のドイツ人であるよりも、より多くドイツ的であるだろうと言っている。)

ニーチェの時代はビスマルクの時代である。彼の上にはビスマルクが否応なく大きな影を投げていることを否定できない。ショーペンハウアーやワーグナーはニーチェが自分で選び取ったものだが、ビスマルクは外的な圧力をもって彼に迫ってきた。

いささか歴史のおさらいめいたことを摘記する。ビスマルクがプロイセン国王(ヴィルヘルム一世)によって首相に任じられ、予算委員会で有名な「鉄と血」の演説をしたのは一八六二年であった。「ウィーン会議によるプロイセンの国境は、健全な国民生活にとって有利とは思われぬ。現代の大問題は言論や多数決によってではなく——そう思ったのが一八四八年・四九年の大まちがいであった——鉄と血によって決せられる」と大向うをうならせたのである。この「鉄血政策」は着々と成果をあげた。さきの一八四八年(三月革命)にフランクフルトのパウル教会に集まった自由主義者たちとその主張にさからい、もっぱらプロイセンの君主制に忠勤をつくす、現実政策の強力な政治家がここに浮かびあがってきた。六三年シュレースヴィヒ・ホルシュタイン問題がおこり、デンマークとドイツ連邦の衝突となる。すかさずビスマルクはこれを利用し、翌六四年デンマークに宣戦して、オーストリアとともにこれを破った。また六六年には戦後の管理問題をめぐってオーストリアと戦端をひらき、これを破った。ニーチェの高校時代から、ボンとライプチヒにおける大学生活の最初の時期にあたる。普墺戦争がはじまったとき、ニーチェは「熱狂的なプロイセン人」であった。

普墺戦争ののち、ドイツ連邦は解体し、プロイセンを盟主とする北ドイツ連邦が成立した(一八六八年のゲルスドルフ宛のニーチェの手紙――「ビスマルクは僕を大いに満足させてくれる。彼の演説を読んでいると僕は強いワインを飲むような気持だ」)。これをこころよく思わなかったフランスのナポレオン三世はライン左岸の地に領土をひろめようとしてビスマルクの妨害にあった。一八七〇年スペイン王位継承問題がおこり、プロイセン王族がその候補者となると、ナポレオン三世はこれに反対して辞退させた。さらにプロイセン王に不当な要求を試みたが拒絶され、ビスマルクの策にのせられ(エムス電報事件)、あえて宣戦を布告し、ここに普仏戦争がおきた(一八七〇年七月)。

ニーチェはすでにスイスのバーゼル大学に招かれて、古典文献学の教授になっていた。八月七日の朝、ヴェルトの戦闘でドイツ軍が勝ったことは勝ったものの手痛い損害を受けたというニュースがはいると、祖国プロイセンに奉仕しなければならぬという義務感に襲われた。しかし彼の国籍はすでにスイスに移っている。そこで衛生勤務に服するという条件で、大学から休暇を得た。エルランゲンで二週間の速成訓練を受けてから、一看護兵として戦線に送られた。エルザス(アルサス)を通過してなまなましい戦場の風景を目撃しつつ激戦地メッツ(メス)にむかった。おびただしい負傷兵のために看護の手がたりない状況であった。ニーチェは負傷兵の一団を戦地からドイツのカールスルーエの病院まで護送する任務についた。これは忘れがたい体験だった。三日三晩悪天候をふせぐためにほとんど密封された貨車のなかで六名の重患者の世話をした。その赤痢とジフテリアの病菌はニーチェをも冒《おか》し、一週間後には彼は軍務を免ぜられて、故郷のナウムブルクに帰って母の看護を受ける身になった。この後遺症がなかなか取れなかった。

十月の末にバーゼルに帰ってきたが、圧倒的な戦果にもかかわらずニーチェの脳裡にはプロイセンに対する疑惑の念がきざしていた。友人ゲルスドルフに宛てた十一月七日付の手紙にはそれが出ている。「これからの文化の状況が僕には心配でならない。このとほうもない国民的成功が、すくなくとも僕にとって最も傷つけられたくない領域で、高い代償を払うことにならなければいいがと思っている……。内証の話だが、僕は現在のプロイセンを、文化にとってきわめて危険な力だと思っている。」

これはニーチェ自身の大きな曲り角である。ビスマルクは大勝利を博した。この日あることを期した周到な準備の結果である。モルトケの戦術は正確に遂行された。武器からしてドイツ軍のクルップの大砲は鋼鉄であり、仏軍のそれは依然として銅製であった。ナポレオン三世をふくむ十一万の仏軍が捕虜となった。

砲煙がまだ消えない一八七一年一月、ビスマルクはヴェルサイユ宮殿で「ドイツ帝国」を誕生させた。南独の諸邦もこれに加わって宿願の「ドイツ統一」は成就した。ビスマルクは帝国の宰相となり、この地位を一八九〇年(ニーチェ発狂の翌年)まで確保した。国際外交の手腕をぞんぶんに発揮し、「誠実な仲買人」として条約をつぎつぎに結び、ヨーロッパの平和を維持し、ドイツの地位をゆるぎないものにした。

ニーチェには危惧の念が萌していたが、遠い日本からは、こうしたドイツ帝国がもちろんこのうえなくたのもしく見えた。そのナショナリズムと権力崇拝の危険をブルクハルトのように見抜き、その文化のデカダンスをニーチェのように攻撃することは思いもよらぬことであった。森鷗外のようなすぐれた知識人がドイツ文化のひきたて役にまわった。こうしてドイツ憲法にならい、ドイツの軍隊、ドイツの大学と学問に範を取るという多くのドイツ的パターンの踏襲があった。

ニーチェの「反時代的」な思想における「時代」とは何かといえば、直接的にはそれはグリュンダーツァイトであり、さらにそれにつづくビスマルクの時代である。そしてニーチェの批判が何よりも「文化」の視角からなされたこともたしかである。先にあげたゲルスドルフ宛の手紙にもあるように、彼の憂慮は政治でも経済でも社会でもなく、文化への関心から生じた。(反時代的 unzeitgemäß という語を、ニーチェはおそらく最初に一八六九年八月十七日付のローデ宛の手紙で使っている。ワーグナーとの交際がはじまった頃で、この芸術家の生きざまを讃えてこう書いている。「豊饒な、ひとをゆさぶらずにはおかぬ人生がここにある。凡庸な人間どものなかで、これはまったく無類な、未曾有なものだ！ しかも彼は自分の力でしっかりと根をおろし、その眼を一切の頼りないかげろう的な存在の彼方に向けており、最も美しい意味で unzeitgemäß だ。」このような使い方から推すと、「反時代的」の語はむしろ「時代に適わない」意味で、「時代はずれ」もしくは「時代ばなれ」の含蓄が濃い。内容がかならずしも反抗の一点ばりではなく、時に重点の移動があることを心得ておくべきであろう。)

ニーチェが「反時代的」な姿勢を打出した『反時代的考察』は四篇の論文を収めているが、第一論文は前述のように「教養ある俗物」を俎上にのせた。第二論文「生に対する歴史の利害」は当代の学問の批判であり、ことに一切の問題を歴史的必然の観点から見、歴史的知識の中に解消する歴史主義(ニーチェのいわゆる歴史病)に対する批判である。第三論文「教育者としてのショーペンハウアー」は哲学者のあるべき姿を、第四論文「バイロイトにおけるリヒアルト・ワーグナー」は芸術家のあるべき姿を描く。それらのテーマを通じて見ただけでも、この『反時代的』が文化の問題に集中していることがわかる。しかし国家や政治や経済その他がまったく視野にはいらないのではない。すべてが関連しているのである。つぎのような世界史的な洞見はニーチェの射程の大きさを示しているようだ(第三論文の第四章)。

……現在でも、地上のどこかに、たとえばドイツあたりに素朴な人間がいて、数年このかた世の中はすっかりよくなり、暗く重苦しい人生観を持つ者などは、「事実」によって論破されたと信じるばかりか、大まじめで口に出して語りはじめた。新ドイツ帝国の建設がすべての「厭世観的な」哲学に対して決定的なとどめをさし——ゆるがぬ事実となったそうだからである。……しかしおよそ政治的な事象などで、人生の問題が動揺し、あるいは解決されたと思ったりする哲学はどれも道化哲学もしくはえせ哲学なのだ。有史以来おびただしい国家が成立してきたのであって、そんなことはすこしも新しいことではない。政治的革新などで人間を最後的に満足した地上の住民たらしめることが、どうしてできるだろう?……ここでわれわれが出会うのは、近頃どこへ行っても聞かされる学説、すなわち国家こそ人類の最高目標であって、男子にとって国家に奉仕するより高貴な義務はないという学説(ヘーゲル)の成果なのである……

ところで、(真の)哲学者たるものは現代の文化をどう見ているだろうか。もちろんあの自分の国家にご満悦の哲学教授諸君とは大いにちがう。一般的な焦燥感、落下速度の増大を考え、一切の静観と単純さが失われてゆくのを思うとき、彼は文化が根こそぎ亡びかかっている徴候に接したかと思う。漫々と漲っていた宗教は水が引いて、残っているのは沼か池ぐらい。諸国民はふたたび離れ離れになって敵意を燃やし、たがいに肉を引裂くことを望んでいる。およそ節度の心得がなく、盲目な自由放任《レセ・フェーレ》にまかされた科学は、すべてのこれまで固く信奉されてきたものを寸断し、解体する。知識階級も国家も、大がかりでばからしい金銭経済に足もとを奪われている。この世がこれほど俗世だったことはなく、これほど愛情と善意にとぼしかったこともない。こうした俗世化の動揺のさなかでは、学者階級はもはや世を照らす灯台でもなく隠れ家でもない。彼ら自身が日ましに不安になり、思想も愛情もなくしつつある。すべてが来たるべき野蛮状態に力ぞえしている。今日の芸術も学問もその例に洩れない。

……たしかにそこには力はある。巨大な力である。しかし荒々しい、むきだしの、徹頭徹尾無慈悲な力だ。われわれは魔女の厨の大鍋をのぞきこむように、不安な期待をもってそれを見ている。いまにもぴくっと動き、光りだし、恐るべき物の怪があらわれるのではなかろうか。一世紀このかた、われわれは根本的な動揺ばかりを待構えてきた。最近、このなだれ落ちるか、もしくは爆発するかといったきわめて深刻な近代的傾向を、いわゆる民族国家の構成力でくいとめようという試みがなされてはいるが、すこし長い目で見れば、この当の国家も一般的な不安と脅威を増大するだけのものでしかあるまい。個人としてはこうした憂慮を知らないふりをするかもしれぬが、われわれはだまされない。そうした人たちの落ちつきなさが、事柄を感じていることの証拠なのだ。……われわれはばらばらな原子の時代、原子的混沌《カオス》の時代に生きることになる。中世では敵対勢力も教会によってだいたい統合され、その及ぼした強大な圧力のもとで相互にかなり同化されていった。この紐帯が切れ、圧力が減じたとき、これらの諸勢力はたがいに反抗を開始する。宗教改革は多くの事柄を……宗教的思想によって規制すべきでない領域に移した。……ここから(教会からの)遊離はいよいよ拡大していった。いまでは地上のほとんど一切がきわめて粗暴で悪質な力によって、すなわち営利に汲々としている者のエゴイズムと軍国主義的独裁者によって左右されるにいたった。こういう独裁者の手中におちた国家は、営利事業者のエゴイズム同様、自己中心に一切を新たに組織し、かの相互敵対の諸勢力を結びつける紐ともなり、圧力ともなろうとするだろう。つまり国家は、かつて人々が教会に捧げた崇拝と同一のものを自己に要求するわけだ。どんな結果がでてくるか、われわれはやがて身にしみて味わうことだろう。

これは『反時代的』を書いた当時のニーチェの世界史的展望だが、彼が近代と国家をどう見ていたかを窺うことができる。こうした考察の射程を、たとえば『明六雑誌』の諸論文、あるいは中江兆民が十数年後に書いた『三酔人経綸問答』(一八八七)のそれとくらべて見ることもできるかもしれない。兆民も矛盾の人であって、ニーチェに近いところもあるが、上掲の引用文における考察の射程が、国家の「経綸」の彼方にとどいていることはたしかである。もっともこうした比較そのものがすでに不当で、イスカの嘴だともいえるだろう。一方ではまだ憲法さえできていなくて、すべてこれからという段階であり、一方では大政治家ビスマルクに指導される強力な国家が栄えているという前提はいかんともしがたい（おそらく北村透谷あたりになっていちはやく知識人の挫折感があらわれる）。

それよりこの引用文で注意していいのは、ニーチェが中世とその宗教的統一に与えている意味である。近代は中世の解体という大きな流れの中に、あるいはそのはてにある。この見方は後年の「神は死んだ」という端的な表現と関連させることもできるだろう。新島襄はニーチェとは正負相反するが、宗教に与えている絶対値の大きさには近いものがあるといえないこともない。

ニーチェの著作全体にわたって、ビスマルクという名は、もちろん出てはくるものの、その頻度は案外にすくない。ショーペンハウアーとかワーグナーといった名にくらべれば格段の差である。もっともニーチェが「現代」とか「帝国」とか「プロイセン」とか「政治家」などというとき、その実体、すくなくともその何パーセント、何十パーセントはビスマルクかもしれない。だから頻度だけでは本当はわからないので、その呼吸している時代の空気そのものの中にビスマルクが存在し、時代への根強い違和感を訴えているニーチェの発言には、ビスマルクへの意識がたえずひそむともいえるのである。ニーチェの哲学の本質的な部分をなす「孤独」の背景には、ビスマルクの時代とその圧力が大きく作用していることはやはり否定できない。

ただきにも指摘したように、ニーチェの「反時代的」な批判は、まず「文化」的側面から始まったので、いきなりビスマルクの政治をあげつらったものではない。ひとつはニーチェが大学教授という知識人的・教育者的な立場を意識していたこと、また古典文献学者らしく古代ギリシアを文化と教養の範型と見ていたこととも結びついている(講演「教養施設の将来」などにはっきり出ている)。

ニーチェはまずショーペンハウアーという孤独な哲学者、ワーグナーという孤独な芸術家を表面に押立てた。これはニーチェの理想像であるとともに、いわば若い彼自身が直接時代の荒っぽい肌と触れあうことを避けるため、時代と自己とのあいだに打込んだ楔《くさび》のような役割であった。しかしやがてニーチェは成熟し、ショーペンハウアーのペシミズム、その「意志の否定」を批判した。またワーグナーがバイロイトの事業のためにビスマルクに手をさしのべるのを見て、ニーチェはようやく自己の運命を自覚したのである。それは「なんじ自身となれ」ということでもあり、それによって時代と対決することでもあった。一八八八年のいわゆるトリノの時期(この時期にたてつづけに書かれた五つの著作『ワーグナーの場合』『偶像のたそがれ』『ニーチェ対ワーグナー』『アンチクリスト』『この人を見よ』を、私はひそかにトリノの五部作と呼んでいる。五部作といっても別に内容的に連繫があるのではなく、ただ気分の上で共通した、一種激越なものがあるのである。ニーチェの生涯をふつう三段階にわけるが、トリノ時代を区別して四段階にわけることもできそうである)において、ニーチェは時代との真の対立に押しやられた。ここでニーチェは爆発的にその態度をはっきりさせたともいえる。『この人を見よ』はその意味でもひとつの代表作である。

ニーチェがビスマルクに何らか触れている箇所を調べあげて、ニーチェにおけるビスマルク像を確定するためには、おそらく稿を改めてかかる必要があるだろう。ここではいくつかのヒントを提出しておくにとどめる。

『偶像のたそがれ』の中の「ドイツ人に欠けているもの」という章中の一文は、最後のところニーチェが苦しまぎれにビスマルクの名を挙げて、みずから赤面するということで両者の関係がよく出ている。

　私はドイツ人をおそらく知っていると思う。かれらに二三の真実を言ってやる資格が私にはあるだろう。新しいドイツ国は、祖先以来身につけてきた多大の能力を示している。その蓄積した力の宝庫を当分は浪費することができるかもしれない。だが新しいドイツ国とともに幅がきくようになったのは、高級な文化ではない。いわんや繊細な趣味や、本能による高貴な「美」などではない。むしろヨーロッパのどの国もいまだ示しえなかったような男性的な美徳である。多大の勇気と自己尊敬、交際の上で、相互の義務をはたす上での、多大の確実さ、多大の勤勉、多大の持久力——歯止めどころか、棘で刺してやりたいくらいの生来の自重ぶり、ここではまだ服従がひとを卑屈にすることなく行われていることも、付加えておく。……また誰もその敵を軽蔑したりはしない……

　ドイツ人に対して公正でありたいと私は思う。心にもないことはいいたくない。——そうなると私の異論も彼らに申したてなければなるまい。権力に達するには高い代償がいる。権力は人を愚鈍にする……ドイツ人、——昔は思想家の民族といわれたものだ。きょう日《び》の彼らはいったい物を考えているのだろうか。ドイツ人はいまでは精神にあきあきしている。精神を信用していない。政治は真の精神的な事柄に対してのあらゆる真剣さを呑み干してしまう。――「ドイツ、すべてに冠たるドイツ」、私はおそれる、これがドイツ哲学の終焉であったのではないか。……「ドイツの哲学者はいるのか、ドイツの詩人はいるのか、良いドイツの書物はあるのか」と外国で訊かれて、私は赤面する。だが持ちまえのやぶれかぶれの勇気を出して、私は答える。「ビスマルクがいるさ！」――今日どんな本が読まれているか、それを教えるだけの度胸が私にあるだろうか、――やれやれ、この煮えきらない根性！

あれほどドイツの悪口をいっているニーチェがここでは「ビスマルクがいるさ！」と捨てぜりふを吐くことになっている。このへんは彼のビスマルク評価に微妙な示唆を投げるものだろう。

遺稿の中にもこういうのがある。

ヘンデル、ライプニッツ、ゲーテ、ビスマルク――強いドイツ人の型をよくあらわしている。彼らは諸対立のあいだに平然と生き、融通のきく強さに――さまざまな信念や主義に対して警戒しながら、それらを互にかみあわせて利用し、自分では自由を留保する、あの強さに――みちている。

この四人のドイツ人の中で、ビスマルクだけが現に生きている人物として、ニーチェの頭に浮かんでいるわけだ。

ニーチェは最後に『この人を見よ』を書き、いままでの著作を回顧し、要約しているが、『反時代的考察』についての箇所で「周囲の「帝国」「教養」「キリスト教」「ビスマルク」「成功」といった一切に傲然たる侮蔑の眼が向けられた」と書いたことについては、すでに述べた。

そしてつづく『人間的、あまりに人間的』についての節には、晩年のワーグナーがそのとりまきによってドイツ的美徳で飾りたてられたことに憤激し

> 後世の参考に供するために生粋のバイロイト運動者を一人剥製にしたいものだ。ついでに酒精《スピリトウス》の中に漬ければさらにいい。なにしろこの手合いには精神《スピリトウス》が足りないのだから。そのガラス瓶に貼り紙をはる。「ドイツ帝国」建設の土台となった「精神」は、こういうものだったと。

最後の節「なぜわたしは一個の運命であるか」には

> ……だがそれら一切にかかわらず、私は不可避的にまた宿命をになった人間である。なぜなら、真理が数千年にわたる虚偽と戦闘をはじめる以上、われわれはさまざまの激動に出会わざるをえないであろうから。かつて夢想もされなかったような大地の痙攣、山と谷とのいれかえを経験するであろうから。そうなると政治などというものは、まったく亡霊どもの戦争となってしまう。古い社会の権力組織はすべて空中に飛散する——それらはすべて虚偽の上にきずかれていたのだから。地上に例のなかったような戦争がおこるだろう。わたしが現われてはじめて地上に「大政治《グローセ・ポリテイク》」がおこるのだ。——

ここへきてニーチェは激しく政治的(同時に超政治的)になっている。「大政治」と書いたとき、ニーチェの脳裡にビスマルクが浮かんでいたことはたしかだろう。

一八八八年の三月にニーチェはイタリアのトリノに来たが、その年末にはすでに発狂の徴候があらわ

れた。人をいぶからせるいくつかの葉書や手紙を発送したが、その一つストリンドベリにあてたものには「――私は諸侯会議をローマに召集した。私は若い皇帝を銃殺させようと思う」とある。若い皇帝は前に書いたように、フリードリヒ三世を嗣いだヴィルヘルム、ビスマルクそしてすべての反ユダヤ主義者たちはルクハルトにあてた手紙の追伸には「ヴィルヘルム二世(カイゼル)である。またヤーコプ・ブ一掃しました」とある。薄明の精神状態の中で、どういうものが叫び声をあげていたかを察することができる。

ビスマルクの時代は、権力の時代であったといえるであろう。ニーチェがその思想の要約の一つとして「力への意志」という標語を使った(使いかけた)のは不幸なことであった。彼はあまりにも深くショーペンハウアーの「意志」にこだわりすぎていて、その「否定さるべき意志」を再否定するのに急であった。「力への意志」の思想を拡大解釈することで、あるいはニーチェはビスマルクの時代に迎合することができ、即時代的な思想家として重視されたかもしれない。ワーグナーはビスマルクと握手した。それはニーチェには不可能であった。それが実現したら、ニーチェはニーチェでなくなったろう。最後にはまったく孤独で時代(そしてビスマルク)と戦う気魄を見せた。はじめて政治的になったともいえる。それが『この人を見よ』の中にあらわれているのである。その狂気に通じる叫びは一面時代の重圧がどれほどのものであったかを語るともいえるだろう。

哲学という「嘆きの壁」——危機的状況をめぐって——

むかし、哲人エピクロスはアテナイの町がデメトリオスのひきいる敵軍に包囲され、ひどい食糧難におちいったとき、豆（それはおそらく「エピクロスの園」で採れた豆だろう）を数えて、弟子たちとわけあい、生命をつないだという話が、『プルターク英雄伝』に載っている。当時の困窮はひどくて、ある家の父親とその息子が悄然としていると、天井から鼠の死んだのが降ってきた。それを見た親子はたちまちその鼠に飛びかかり、取りあいの死闘を演じたという記述が、すぐその前にあるところから見ると、このエピクロスの態度はひとつの範例を意味するものかもしれない。古代における哲人の資格のひとつは、純粋な観想的態度を持することであり、まわりの現実に対して一定の距離を保ちつづけることであった。飢餓のような危機に対しても冷静に対処したのは、むしろ当然というべきだろう。

しかしこうした態度は、現代ではもはや哲学者の範例として通用しにくくなってきた。philosophosという語は、哲人とも哲学者とも訳される。現代では哲学者と称する職業人の数はおびただしいが、それに反比例して哲人の名にふさわしい存在は稀有になってきた。この哲人と哲学者の区別を最も判然と、しかも痛烈に指摘したのはニーチェの「教育者としてのショーペンハウアー」の後半である。ニーチェがこのエッセイを書いてからほぼ百年になるが、いまだにその鮮度は落ちていない。

哲人は動じなかったかもしれないが、現代の哲学者はつねに浮き足だっているように見える。危機もその性格を変えたといえよう。むかしの危機ははっきりしたかたちを取っていた。いまは危機の正体はつかみにくい。ペルシアの大軍が侵攻してきたとき、あきらかにギリシアは存亡の危機に立っていた。弘安の役についても、「国難ここに在り」という文部省唱歌のように、危機はそこに在った。人類は大なり小なりたえず危機を乗りこえて、今日まできた。十四世紀の黒死病の流行も危機なら、近代資本主義の大恐慌も経済的危機と呼ばれる。こうしたたぐいを数えたてても何もはじまらないが、ともかくそれらは明瞭に対象化された姿で、われわれの前に出現し、われわれを脅かした。それらはわれわれに知的・道徳的能力をあげて対抗することを求めた。しかし現代の本質的な危機はもっと不分明なもので、テクノロジーのエートスなどと社会学者のいうものは、われわれの心理の深層に降りて、識閾を越えたところに達したように見える。「危機」は語源的には(「批判」と同じく)ギリシア語の krinein から出て、「分かつこと」である。「分け目」であり、「けじめ」でもある。天下分け目の戦いは、その意味で正しく危機なのである。勝敗・存亡・生死(「危機的《クリチカル》」は医学的用語でもある。病気が峠に来たときである。ヒポクラテスがすでにその意味で使っている)の別れ目に、それは出現する。ところがこの危機の「けじめ」が見きわめがたくなったところに現代の危機的状況の特徴があるともいえるだろう。危機なのか好機なのか、進歩なのか退歩なのか、文明なのか野蛮なのか、その判定の基準を明確に言うことはたいへん困難になった。磁石が方向を示す能力を失ったような領域で、われわれの船は航海している。

この海の比喩で想起するのは、ニーチェの好んだ氷結した水面や海のヴィジョンである。実際、こうした状況の予感は前世紀の後半、とりわけニーチェのくだした時代診断のなかに、いちはやくあらわれた。

友よ、われわれの若いときは苦しかった。青春そのものが、まるで重い病気のようだった。これはわれわれが投げこまれた時代のなせるわざだ、——大きな内的衰頽と崩壊の時代であり、それはその一切の弱点ばかりでなく、その最強の側面をもっても、若者の精神にのしかかってきた。崩壊、したがって不確実こそこの時代に特有なものだ。何一つ自分の足で、堅固な信念の上に立っていない。ひとは明日のために生きる。というのは、明後日は疑わしいからだ。われわれの行く手はつるつるして、危なっかしい。われわれを支えていた氷は、ひどく薄くなってしまった。われわれはみな暖かく、うす気味悪い熱風《フェーン》のいぶきを感じる、——われわれがどうにか歩けたところが、まもなく誰にも歩けなくなるだろう！

これは一八八四年の彼のノートに書きこまれたものである。時代に対するひとつの診断《ディアグノーゼ》であり、予断《プログノーゼ》である。一八八四年のドイツといえば、若き森鷗外が希望にもえて留学した年であり、ドイツ帝国が植民地政策に動きだした年でもある。カール・ペータースの設立したドイツ植民協会はドイツ領東アフリカを手にいれた。あいついで西南アフリカ、トーゴー、ニューギニア、ビスマルク群島、マーシャル群島がドイツの植民地となった。宰相ビスマルクは貫禄を増し、「すべてに冠たるドイツ」の国運隆盛を疑うものはなかった。このようなときに「われわれを支えていた氷は薄くなった。うす気味悪い熱風のいぶきが感じられる。われわれのどうにか歩けたところが、そのうち誰にも歩けなくなるだろう」という判断をくだすのは、エピクロス的な超越的静観とはかなり違った透視的で未来指向的な眼力である。ここでは危機は足音をたてて迫っているのでもなく、嵐の通りすぎるのを待つという姿勢の中にもない。「無気味な客人」の到来がいちはやくレーダーに感受されたものとしてある。ニーチェがこの危機の到来をニヒリズムと呼んだことは周知のことだが、彼はこのニヒリズムを警告し、恐怖をもってその必然的到来をみつめたと同時に、他面、みずからこの危機をよろこび迎え、促進しようともした。ここでは哲学者は危機を受けとめるものではなく、むしろ危機の醸成者としてあった。

ニーチェはショーペンハウアーから出発したが、師のペシミズムに呪縛されたままではなかった。ニーチェの考えでは、人間の存在はたしかに苦悩につきまとわれてはいるが、人間はかならずしも苦悩をいとうものではない。人間はむしろあえて苦悩を求める、――苦悩に意味がありさえすれば。――「神が死んだ」ことによって人類はその生きる意味を見失った。アダム以来罪びとが救済を求めて努力したような方向と精進には、支えは求められなくなった。文化はその宗教的基盤を失ったことによってしだいに空洞化し、頽落化し、あるものはすでに腐臭を放っている。「倒れかかっているものを、さらに衝け」とツァラトゥストラはいう。なぜ衝くのか、なぜ崩壊と混乱をはやめるのか。なぜなら、ニヒリズムは新しい自由であり、解放でありうるからだ。ニーチェは山頂に立って、これからの長い暗黒(おそらく二世紀はつづくと彼は踏んだ)の彼方に、なお曙光を予期することができた。

われわれがこの暗黒化にたいして心の底までおびやかされず、憂慮や恐怖をおぼえることなく、この到来をみつめているのは、そもそも何のためなのか……この眼前の作用は、ひとびとがおそらく予期するものと違って、悲しむべき暗澹としたものではまったくなくて、むしろ新しい、名状しがたいような光・幸福・安堵・快活・元気・曙光なのだ……実際われわれ哲学者たるもの、「自由な精神」であるものは「古き神が死んだ」という知らせによって、新しい曙光を浴びたかのような思いがする。われわれの心には感謝・驚嘆・予感・期待が溢れたぎつ。——ついに視界はふたたび自由となったようだ、——まだすっかりは明るくないとしても——ついにわれわれの船はふたたび出発することができる、——あらゆる危険を冒して出発することができる。認識者が敢えてする一切の冒険がふたたび許された。海、われわれの海がふたたびひらかれた。おそらくいまだかつて、これほどの「自由な海」(公海)はなかったろう。(『華やぐ知恵』三四三)

ニーチェの多面的な思想のプリズムは、彼の死後、いろいろな意味で歴史の検証を受けた。彼の認識者としての冒険は、能動的ニヒリズムの思想に発展し、それはゆがめられた姿で歴史の世界に登場した。「行為は粗大化された思考にすぎない」とかつてアミエルはいった。ニーチェの破壊面を短絡的にナチスに結びつけることは誤っている。彼はファシズム思想の水先案内人ではなく、むしろ時代に対する敏感なバロメーターと見らるべきであろう。歴史家ゴーロ・マンはこんなふうに書いている。

ニーチェは地震を記録する地震計のように、危機を予感し、それがどのようなものになるかを知らずに、それに悩んだ人である。この危機について、彼の発した歓喜の叫び声は、暗闇のなかの子供が淋しさのあまり吹く口笛のようなものだった。帝国ドイツの批判者としてのニーチェも、彼の書いたほとんどすべてのものについていえるように、不当かつ穏健さを欠いていた。だが彼は事物の核心を衝いた。このような人は当時、彼以外にはいなかった。彼を絞め殺すこととなった孤独は、ここから生まれた。(Deutsche Geschichte des 19. und 20. Jahrhunderts. 上原和夫訳『近代ドイツ史』)

危機への歓喜の叫び声は、暗闇の中の子供が淋しさのあまり吹く口笛だ、というのはかなり舌足らずの比喩だと、私には思われるが、それにしても時代における「事物の核心」を衝いたとすれば、この「事物の核心」はどこまで深くさぐられ、その危機感の地下的水脈はどのように現代へとつながっているのだろうか。

ニーチェのニヒリズムの予見からすでに百年ちかくにもなる。人類は世紀末から今世紀にいたり、二度の凄惨な世界大戦を経過した。しかもニヒリズムは終わったわけではなく、なおも強く今日のわれわれの危機感に訴えるものとしてあるとすれば、それは何よりも人類が「技術的時代《テヒニッシェス・ツァイトアルター》」(あるいは「超産業化社会」)の渦にまきこまれて、足が底についていない状態にあることを挙げなければなるまい。

ニーチェのニヒリズムの諸相は、いわゆる『力への意志』の冒頭に要約的に列挙されているが、たとえば「現代の自然科学のニヒリスチックな帰結……コペルニクス以来人間は中心(宇宙におけるその中心的位置)からXにむかって転落している」という句や「歴史学のニヒリスチックな帰結」というような要約には、あきらかに現代の状況へのつながりがある。

こうした一連の洞察はきわめて若いころから彼の心中にきざしていた。一八七二年(二十八歳)に処女作『悲劇の誕生』を書いたニーチェは、その翌年から一八七六年にかけて『反時代的考察』四篇を書いた。ところで彼はその第二篇「生に対する歴史の利害」と第三篇「教育者としてのショーペンハウアー」のあいだに「窮境に陥った哲学」(Die Philosophie im Bedrängnis)という一篇を書こうとしたらしく、そのためのノートやプランの類がかなり残っている。この一篇が書きあげられなかったのは惜しく、そこには自然科学(そして歴史学)に押しまくられる哲学の自己反省がうかがわれ、それは現代の危機感にこだまするようなものである。たとえば――

哲学を純粋に科学にする(トレンデレンブルクのごとく)とは、die Flinte in's Korn werfen(銃を畑に投げる、とは失望して、仕事を投げだす意)の謂だ。

あるいは

およそ哲学であるかぎり、それは私の要求、すなわちひとりの人間を集中させる《コンツェントリーレン》ということを、かなえてくれるものでなければならない――ところがいままでは、どの哲学にもそれができない。

総体的なプランの一つと思われるものに

哲学の窮境、
外からは――自然科学、歴史学。
内からは――ひとつの哲学を、みずから生きるという勇気がくじけた。

こうしたきわめて簡単なメモの中にも、その含みを汲みとって読むと、哲学が足もとをすくわれている危機感が、現代へそのままつながっているという思いを拒むことができない。ニーチェは一八六五年にショーペンハウアーを読んで深刻な感銘を受けたが、その思想にまるまるとりこになったわけではなかった。ニーチェはその翌年、F・A・ランゲの浩瀚な『唯物論の歴史』上下を愛読している。ランゲが形而上学を「概念詩《ベグリフス・ディヒトウング》」と呼んだことはよく知られている（森鷗外もどこかでこのことばを書いていた）。ニーチェはすでにこの時期（ライプチヒの学生時代）に形而上学を疑い、また科学を支える「真理へのパトス」にたいして率直な問いを投げているのである。ランゲの立場は実証的相対主義と呼ばれるものだが、ニーチェはこの書にいろいろ啓発され、また深く共鳴している。彼の専攻は古典文献学であったが、これはみずから進んで志した領域ではなかった。ほんとうは哲学をやりたかったのだが、神学を希望する母親との妥協から古典文献学におちついたのである。バーゼル大学に就任してからも哲学の教授に鞍替えしようと試みたこともある（成功しなかった）。彼は自然科学の真理性をきわめるために、親友のローデに対して、古典文献学などほうりだして、一緒に化学（！）を研究しようと提案したこともある（バーゼル大学への就任がきまりかかっている時期に）。これらのことを考えあわせると、ニーチェが後年「ニヒリズムの到来」という予見に達したのも、自然科学との関連の根は深いものと思わざるをえない。ハイデガーはニーチェを西欧形而上学の終結者と見ているが、そうした見方もすでにこのランゲに学んだニーチェが科学的真理を支える経験的な認識と形而上学とを峻別し、プラトンからヘーゲルにいたる存在と思惟との結合をたち切った時期にまでさかのぼるとも考えられそうである。

　彼が「神は死んだ」といったとき、そこには幾多の帰結がふくまれていた。科学を支える真理への意志、この科学の基盤が、やはり一個の形而上学的信仰にほかならず、プラトンに発する「真理は神的である」「神は真理である」というキリスト教的信仰（ニーチェは、キリスト教はプラトニズムの大衆版だという)が点火した炎から由来しているという指摘も怠らなかった(たとえば『華やぐ知恵』三四四)。

ニーチェは「教育者としてのショーペンハウアー」を書いた数年後には、「教師としての機械」のような対比的なアフォリズムを書いている(「漂泊者とその影」)。

教師としての機械。――機械は、各人がそれぞれただ一つのことを受けもたなければならない行動にあたってそうした人間集団が歯車のように嚙みあうべきことを、それ自体によって教える。それは党組織と戦争の模範になる。その反対に個性的な自立性については教えない。それは多数者をひとつの機械にし、それぞれの個人をひとつの目的の道具とする。機械の最も一般的な作用は、集中力の利益を教えることだ。

またそれにつづいて、

機械文化への反動。――それ自体最高の思考力の所産である機械は、それを操作する人たちのもとでは、ほとんど低級な無思想的な力を動かすだけである。機械はふだんは眠っている巨大量の力を解放する。それはたしかだ。しかし機械は向上しよう、より良くなろう、芸術家になろうというような刺戟は与えてくれない。それは活動的な単調を生みだす。――それはしかし長くたつと、ひとつの反作用、つまり魂の絶望的な退屈を生みだす。それは変化に富んだ暇つぶしを渇求するものとなる。

ニーチェの「啓蒙」についての考察もそれに関連して試みられる。

「神の死」とともに、真理、自由、正義、ヒューマニティといった人類の偉大な理念は、その窮極の根拠を奪われたと、彼は見る。十七・十八世紀のいわゆる「啓蒙」と呼ばれるものの根幹であり、推進力であったのは、こうしたもろもろの理念であったから、この近代をつらぬく理性中心主義の潮流は、その意味を問いなおされなければならない。ホルクハイマーとアドルノが『啓蒙の弁証法』を書いたのは、この主題をあらためて取りあげたものである。「啓蒙」は人類のさまざまな側面における「解放」の理論でもあるから、ロールモーザーが『ニーチェと解放の終結』という著作を書いたのは、現代の危機の発源をニーチェに求めることを忘れなかったものといえるだろう。

しかし近代科学と技術は、その真理への意志を支える根拠を見失っても、すこしも動揺せず、まして崩壊するどころではなかった。むしろそれは一本立ちとなり、独立の歩みをはじめた。今日の「技術的時代」と呼ばれる怪物が誕生し、その闊歩がはじまった。

ニーチェは孤立したままであったのではない。シュヴァイツァー『文化と倫理』(一九二三年)を、かつて私は邦訳したが、その終わりに近く、技術的時代(シュヴァイツァーは機械時代《マシーネン・ツァイトアルター》という)への人間の対応について、荘子から比喩が取られていたのを思いだす。

自然の諸力をわれわれは機械によって駆使する。荘子の書に出ている話だが、孔子のある弟子が、ひとりの庭師が苗床に水をやるのに、いちいち甕《かめ》をかかえて井戸の中へ降りていくのを見た。弟子は、仕事をもっと楽にする気はないのか、とたずねた。「どんなふうにだね」と庭師はこたえた。

孔子の弟子はいった。「長い木材をもってきて、後ろの方を重くし、前の方を軽くする。これを使って水を汲めば、どんどんと、まるで溢れるように水を汲むことができる。はねつるべというのはこれだ。」すると庭師はつぎのように答えた。この人は賢者であった。「私は私の師からこう聞いている。ひとが機械を使いだすと、彼の仕事はすべて機械的になる。仕事を機械的にやれば、その者は「機械心臓《マシーネン・ヘルツ》」を持つことになる。その胸に「機械心臓」を持つものは醇朴（純粋な単純さ《ライネ・アインファルト》）を失ってしまう。

念のため荘子の原文を挙げて置く。これは荘子外篇の天地篇第十二の十一にある（以下岩波文庫、金谷治訳注『荘子』に負う）。

子貢南遊於楚、反於晉、過漢陰、見一丈人方将為圃畦、鑿隧而入井、抱甕而出灌、搰搰然用力甚多、而見功寡、子貢曰、有械於此、一日浸百畦、用力甚寡、而見功多、夫子不欲乎、為圃者卬而視之曰、奈何、曰、鑿木為機、後重前軽、挈水若抽、数如泆湯、其名為槔、為圃者忿然作色而笑曰、吾聞之吾師、有機械者、必有機事、有機事者、必有機心、機心存於胸中、則純白不備、純白不備、則神生不定、神生不定者、道之所不載也、吾非不知、羞而不為也。

原文によって、孔子の弟子とは子貢のことであり、また機械という語がこの古い時代からすでに使われていることに一驚する。「機械を有《も》つ者は必ず機事あり」とは、機械を所有する者は、技術に専念することになる。つまりテクノロジーのとりこになるということだろう。「機事ある者は必ず機心あり。機心、胸中に存すれば、則ち純白備わらず」とはテクノロジーに左右されれば、それに応じたテクノロジカルなエートスしか持たなくなる。シュヴァイツァーのいわゆる「機械心臓《マシーネン・ヘルツ》」を胸中に抱くということになる。そうした機心を胸中に抱けば、純真無垢な人間本来のもの、老荘のいわゆる「道」が失われる。庭師はいった。「わしははねつるべを知らないわけじゃない、人間本来の道に対して恥ずかしいから使わないのだ。」

シュヴァイツァーはこの荘子の寓話を引いたあとにつづけてこう書いている。

かの庭師によって西暦紀元前五世紀に予感された危険が、われわれの時代になってはっきりとあらわれてきた。純粋に機械的な操作がわれわれのまわりの多くの人びとの運命となった。自分の家、自分を養い育てた土地から引き離されて、人びとは物質的な抑圧のなかで生きる。機械が招来した革命によって、われわれはほとんどみな、あまりにも統制され、あまりにも狭苦しく、あまりにも緊張した労働生活にまきこまれた。われわれの自己省察や精神の平静は失われていく。家庭生活と子供の教育は悩みの種となった。われわれはみな多かれ少なかれ、人格でなくて人間のかたちをした物となる危険に陥っている。人間的生存の物的な、精神的なさまざまな破壊が、知識と技術的能力の生みだした暗黒面として、ある。

この荘子の話は、ホルクハイマー、アドルノが『啓蒙の弁証法』の中に引用しているオデュッセイアのセイレーンの物語におとらず、私には示唆深くおもわれるが、荘子の原典を見ると、この話にはさらにその先がある。

子貢はこの返事を聞いて、目がくらむほど恥じいり、頭をたれてしまう。ややあって相手は「君はどういう人か」とたずねる。孔子の門人であるむねを告げると、相手はいった。「君は、あの博学で聖人をきどり、大げさな調子で大衆をまどわし、ひとり琴を弾き、悲しげに歌って、天下に名を売ろうとしている者の徒なのか。君は自己本来の精神を見失い、肉体に楽《らく》をさせることばかり考えて、それで真の道に近づこうとするのか。自分の一身さえ治められないのに、どうして天下を治める余裕があろう。君、行ってくれ。わしの仕事の邪魔をしないでくれたまえ。」

子貢はすっかり参って顔色も青ざめ、夢うつつのうちに三十里も歩いて、ようやくわれを取りもどした。子貢と一緒に旅をしていた彼の門人がいうのに、「さっきの人は何者ですか。先生はあの人と話して、すっかり色を失い、一日じゅうぼんやりとしておられた」。子貢は答えた、「はじめ、私はわれわれの先生（孔子）こそ世界の第一人者だと思っていた。先生から教えられたのは、ものごとを適切に処理し、成功をおさめ、労力は少くて効果を大いにあげるということで、これが聖人の道というものだった。いまの人物はそうでない。本然の道をあゆむ者は徳（自己本来のはたらき）が完全であり、徳の完全な者は、その肉体も完全であり、肉体の完全な者はその精神も完全になる。これが聖人の道だという。生をこの世に託して、民衆とともに行きながら、どこに行くとも知らない。ものにとらわれることがなく、自由で、生地《きじ》のままの完全さだ。私の説いた功利機巧（つまり営利主義とテクノロジー）が、きっとあの人の心をきずつけたのだ。あれは独立独歩の人で、世間なみの毀誉褒貶などはまったく気にしていない。ああいうのを全徳の人というのだろう。自分などは風波の民（根無し草）だ」。

魯の国に帰ってから、子貢はこの一部始終を孔子に話したところ、孔子はこう答えた。「その人は、渾沌氏の術をかりそめに修めた者だろう。一面だけがわかっても両面を知っていないようだ。内面(心情・精神)の方は深くおさめているが外面(社会・政治)が考慮にはいっていない。あの渾沌氏の境地、つまり内面的な純白さで生地《きじ》のものをつかみ、無為自然のふるまいで純朴に復帰し、本性さながらの精神を抱きながら、しかも世俗の間に出入するような境地に達した人物だったら、お前をなにも驚かせることはなかったろう。それに渾沌氏の術などは、私にもお前にも、とても理解できることではなかろうよ。」

渾沌氏の術というのは、同じ荘子内篇の応帝王篇第七の寓話に由来するもので、南海の帝である儵《しゅく》と、北海の帝である忽《こつ》は、ときどき渾沌の土地で出会ったが、渾沌はかれらをいつも厚遇してくれた。儵と忽とはその渾沌の恩義に報いようと相談して、「すべての人間には目・耳・鼻・口の七つの穴があって、それによって見、聞き、食べ、息をしているものだ。ところが渾沌にはそれらがない。それらの穴をあけてやったらどうだろう」ということになった。そこで一日に一つずつ穴をあけていったが、七日たつと渾沌は死んでしまったといういわゆる「渾沌、七竅《きょう》に死す」という有名な寓話である。そこで渾沌氏の術とは「未分化の総合体としての自然そのもの、道のありかた。それと一体になることをつとめる修業」(金谷氏)ということになる。また「儵」や「忽」はいずれも迅速の意味で「すばやく機敏なことから人間的有為にたとえられる」のである。——いわゆる老荘思想に結びつくものだが、いまこの迅速な儵や忽を「時間」と見、渾沌を「存在《ザイン》」と見れば、その死は「存在忘却」と見られるかもしれない。こうしてハイデガー哲学のモデルに使えないものかと、夏日の午後の私の空想がとりとめなく動く。

『文化と倫理』が書かれたのは一九二三年だが、この二〇年代には、ほとんど現代哲学のおもなものが、その芽を、あるいは若木のすがたを、揃えている。つまりナチスの嵐と暗黒のはじまる以前に、討論の布石はだいたいすんでいるように見える。ハーバーマスがこうした風景を手ぎわよく要約してくれているが(J. Habermas : Philosophisch-politische Profile 参照)、当時の哲学界の主流であった新カント派に対して、ほぼ五つの反抗的傍系的思考があらわれた。第一にフッサールとハイデガーによる、あるいは先験論理学的、あるいは存在論的な現象学、第二にヤスパース、リット、シュプランガーによるディルタイに結びつく、あるいは実存論的、あるいは新ヘーゲル主義的な色あいをもった生の哲学、第三にシェーラーとプレスナー(ある意味でカッシーラー)による哲学的人間学、第四にルカーチ、ブロッホ、ベンヤミン、コルシュ、そしてホルクハイマーによるマルクスとヘーゲルにさかのぼる批判的社会哲学、そして最後(第五)にヴィットゲンシュタイン、カルナップそしてポッパーによるいわゆるウィーン学派の論理実証主義である。ナチスによる迫害と亡命の時代が終わったとき、これらの伝統はすこしも切れず、多少の変化はあっても、だいたい同じメンバー、同じ理論と学派がドイツに復帰した。例外はその間に異常な発展と分岐をとげて英米の学を風靡した新実証主義で、これは五〇年代に国外からドイツにつよい影響を及ぼすということになった。ウィーン学派のおもだった亡命者は誰ひとり帰独していない。ともあれ最近の二十年間、ドイツの哲学的舞台の主要な登場者たちは、みな二〇年代の思想的土壌に育てられた人たちばかりだ。ハイデガーとヤスパース、ゲーレン、ブロッホそしてアドルノ、ヴィットゲンシュタインそしてポッパーというぐあいである。

こうした人たちはシュヴァイツァーと同じように、二〇年代にすでに高度科学技術社会とヒューマニティ、あるいはテクノロジー(テクノクラシー)と主体性といった困難な問題にそれぞれの立場で対決していた(ことにシェーラー、ハイデガー、マルクーゼなど)。ファシズムによる空白時代を経過したあとも、こうした問題は変わることなく、むしろ深刻さを増して、現代にもつれこんだと見るべきであろう。

ハイデガーが今年の五月二十六日に亡くなった。西独のシュピーゲル誌は、生前に公表を許されなかった十年前のインタヴューをこの機会に掲載した。その重点はナチスに対するハイデガーの協力的態度、フライブルク大学総長をひきうけたいきさつと、就任演説「ドイツ大学の自己主張」の真意をたずねることにあるのだろうが、私がこの対談を読んでみた感想は、やはりひとりの本質的に非政治的な思索者(その哲学的パトスそのものは人を打つ)が、広い現実的地平でかんちがいをしてナチスに好感を寄せたということに尽きそうである。ハイデガーは近代の技術的世界のゆきづまりを打開するひとつの可能性をナチスに見たのである(まもなくその期待は裏切られ、協力は消極的なものになった)。このインタヴューは質問者が率直で、哲学ばなれした単刀直入さがあり、いきおいハイデガーの方も率直な受け答えになり、ナチスの魚心に水心をもって応じた思想的脈絡、つまり彼が『技術と転回』(Die Technik und die Kehre. 小島・アルムブルスター訳『技術論』)あるいは『形而上学入門』その他で展開しているような議論が、わかり易い要領で述べられている。彼が Ge-Stell というような異様なことばまでこしらえてその本質を明らかにしようとしている技術的世界は、もはや人間がその道具を駆使するといったなまやさしい事態にあるのではない。何もかも(機械的《フンクチオニーレン》)操作に乗せられ、新しい知的環境の中で生きる人間は大地(それはハイデガーの力説する「故郷《ハイマート》」に結びつく)から引き離される。「神の死」以来、もはや西欧の伝統的形而上学は終わり、哲学は今日ではサイバネチクスによって取ってかわられた。たいへん暗澹とした見通しだが、質問者が、あなたの中のナチス時代の矛盾(接近と離反の事実)が、いわゆる「遊《プラ》星的技術《ネターリッシエ・テヒニック》」と故郷となってあらわれたのではないかと、するどい(意地悪くもある)質問を発すると、ハイデガーは答えて、やはり技術をそこまで絶対的に取るべきでなく、人間の運命が近代科学の世界できわまったわけではなく、哲学はおわっても、なお新しい思惟《デンケン》が生まれれば救われる希望がある。われわれはそのために道を備える仕事にいそしむので、「ある神の出現のみがわれわれを救うことができる」(これがインタヴューの見出しになっている)。こうした新しい思惟《デンケン》のはたらきは三百年後に待たなければならぬかもしれぬが、それはこの近代世界を生みだした同じ西欧的基盤からのみ出現を期待できるので、禅やその他東洋の世界体験を取りいれることからは起こりえないという。そしていつものようにヘルダーリンの神託を拝受する恰好になって、対談は終わる。東洋のプラグマチックなモラリスト孔子にいわせれば、やはり渾沌氏の術をまなんで学びつくせない一人ということになるかもしれない。

　前述のように「危機」が語源的に「批判」に通じるのならば、危機に対処するのに相応しい哲学、危機をまともに引受けて、これを直視する思考は、「批判的理論」であるかもしれない。そうした意味でもフランクフルト学派の仕事は注目すべきものだが、自然に対する人間の支配というテーマが、テクノロジー(テクノクラシー)や管理社会の問題と結びついて、この学派の中心的関心となったのは、彼らのアメリカ亡命生活の、それもかなり後になってからのことである。やはりアメリカの文明環境にようやく馴れるとともに考察の視角に変化が生じてきたともいえるだろう。人類の原始時代にアニミズムが支配し、物に霊魂の所在を見たように、現代ではちょうどその逆方向、すなわち人間から霊魂をぬき去り、物に変える操作が小止みなく進んでいる(新しい生命科学、宇宙科学、精神分析、知能指数、コンピュータ、サイバネチクス、視聴率、ベストセラーのような「数」的評価の浸透、情報の洪水、それらによって形成される超産業化社会)。この操作の主導力が、「啓蒙」の線につらなる科学的(道具的)理性であるならば、この理性を批判し、テクノロジーを人間の制御下において、人間と自然との調和を達成する途は何か。どのような未来の社会がそれにこたえるのか。『啓蒙の弁証法』は、このマルクスとニーチェが問い、しかも新しい条件下に提起された問題を十分に答えているであろうか。「批判的方法」は結局諸体系にたいする「虻」でしかないのか。晩年のホルクハイマーは深い諦観とペシミズムの中にあるように見える。もともと彼はショーペンハウアー(そしてカント)から出発した人で、この哲人の影響は終生彼にまといついていた(そこにまた彼に大きな人間的魅力を感じさせるものがある)。社会学研究所の表看板であるマルクスよりもむしろショーペンハウアーのアクチュアリティが評価され(Horkheimer: Die Aktualität Schopenhauers その他の論文参照)、ニーチェが重んじられるのは、すこぶる注視すべきことである。完璧な管理社会に組みこまれて生きる人間像は、ショーペンハウアーの見た盲目的な意志に動かされる人間像に近づく。また反面ヒッピー族やＬＳＤの愛用者のようなニヒリスチックな「風波の民」を、超産業化社会は生みだす。いまはこの学派のくわしい歴史や動向、アドルノ、マルクーゼ、ベンヤミンらの個性的なメンバーについて述べる余裕はないが、この学派の主要な人たちがことごとくユダヤ系の人たちであり、ペシミズムといっても、なお一抹の神学的な、メシアニズム的なあこがれが残っていることは否定できないように思う(ブロッホの希望の哲学ばかりではない。これらの点についてはハーバーマスに Der deutsche Idealismus der jüdischen Philosophie その他の好論文がある)。ともあれユダヤ教的な意味をはなれても、現代の哲学者は崩れた神殿の一部である「嘆きの壁」の前に立っているように、私には思われる。その頰をつたう涙がいわば哲学的信仰(ヤスパース)のあかしなのである。

漁樵問答 ――ニーチェとハイデガー――

雪舟の「山水図」(いわゆる「小巻」の方で、「長巻」には見あたらない)の巻初にあり、また独立した一幅「漁樵問答図」(日本雪舟筆の落款があるもの)もある。漁夫と樵夫が渓流のかたわらに坐して、談話している図である。両者は何を問答しているのだろうか。神田秀夫教授の示唆では、あるいは元曲「漁樵記」から画材が取られているのかもしれないということで、この元曲を調べれば問答の中味もわかるかもしれない。この樵者は後に太守となった朱買臣なる人物の、いまだ時に遇わざる雌伏の姿らしい。漢書にその伝が、相手の漁者厳助の伝とともにあるという。しかしともあれ漢書から元曲までには一千年も時がたっているし、漁樵問答図なるものは雪舟以前にも描かれている実例があり、漁者も樵者もすでに――寒山拾得のごとく――神韻ただよう仙境に遊んでいる人物として、禅画的題材に移行しているものと見ていいだろう。漁者と樵者が問答しているということで、まず事は足りる。

ニーチェとハイデガーというテーマを設定しておのずと私の脳裡に浮かんできたのが、この漁樵問答である。画中の樵夫はいうまでもなくハイデガーである。彼は『樵夫の径』を書いた。シュワルツワルトのトートトナウベルクの山荘で、ヘルダーリンの詩を引いて真理の「家郷」を語る生粋のアレマン人である。

話し相手の漁夫はニーチェと見たてていいだろう。後期のハイデガーが「建てる、住む、考える」を講演し、またヘルダーリンの詩句「詩人として人間は住む」を解釈するとき、この「住む」という一語に晩年の思索なり心境なりが収斂していくように思われる。しかしニーチェは住まない。母が残っているドイツのナウムブルクには、ついになじめなかった。スイスのバーゼル、イタリアのヴェネツィア、ジェノヴァ、トリノ、また夏ごとに訪れたアルプス山中のジルス・マリーア、どれも仮の宿であった。大学の教職を離れてからは、文字通り一所不住の漂泊者といっていい。「良きヨーロッパ人」として、彼はスイスから、イタリアから、あるいは南仏から祖国ドイツの運命を憂慮していた。「住む」という言葉は彼の耳にはハイデガーのような重みも含蓄も魅力もなかった(——風土や気候の生理的影響には極度に神経質であったが)。岩かげに小舟がつながれているのが見える。ニーチェの生涯はこの軽舸の中ですごされたように見える。彼には一茶の「終《つい》の棲《すみか》」さえなかった。

ハイデガーは郷土の詩人ヘーベルを讃えて、その文章を引用する。「われわれは草木だ、——自分自身認めようと認めたがるまいと、草木なのだ、——大地に深く根をおろし、そこから伸びて、空高く灝気《エーテル》の中に花ひらき、実を結ばなければならない」と。この「ヘーベル・家の友」と題された一文でも、「住む」ことが強調されている。この思索者は樵夫としてシュワルツワルドに住んでいる。草に蔽い隠された森の中の道をさぐり、また時には山をおりて『野の道』を歩くことはあっても、彼は住んでいる。画中の樵夫の背後には、たばねられた柴が天秤棒とともに見える。この二つの柴の荷は心なしか、「有」と「時」のように見える。いわゆる「転回《ケーレ》」は、彼が肩をかえて、荷の前後をとりかえたということではないのか。

ハイデガーはしばしばニーチェに触れ、ニーチェをめぐっていくつかの論文をものし、特に三〇年代の講義にもとづいた大著『ニーチェ』をあらわした。しかしニーチェとハイデガーとの関係については、「結局ニーチェはハイデガーに最も近接した者であって、最も遠い者であった」(ペッゲラー)と言わざるをえないだろう。漁者と樵者は膝を接して問答し、談笑しつつも、両者の世界は隔絶している。

ハイデガーにおけるニーチェは、あまりにもハイデガー的に裁断されているように見える。ニーチェはプラトンに開始されたヨーロッパ形而上学の完成者であり、終結者であると断定される。その「力への意志」は有(エッセンチア)であり、その「永遠回帰」は有のあり方(エクシステンチア)ということになる。たいへんみごとな処理であって、『ニーチェ』上下を通読すると、思わず固唾をのまされる箇所が多いが、同時にどこか大きな無理があるような気がする。取り残されているものが多いように思われる。高性能の望遠レンズでもなお模糊とかすんでいるというか。あるいは光よりも早い速度で、限界が遠ざかっていくようなニーチェの精神宇宙に、ハイデガーは存在論のレーダーを適用しようとするように見える。彼は「力への意志」にあまりにも問題をしぼりすぎるように、私には思われる。その反定立としては、たとえばラウター・ミュラーの「力への意志多元論」(彼の著作『ニーチェ』、また Nietzsche-Studien, Band 3. 所収の論文)の立場をその着実性の故に重視すべきではなかろうか。樵夫が漁夫のことば「芸術は力への意志の最も透明なかたちである」ということから出発するのはいいが、彼は同時に自分の穿いている靴を指さす。それはゴッホの農民の靴である（『芸術作品の根源』参照）。おそらく相手の漁夫の耳に芸術という言葉がはいるとき、たちまち誘発されるのは、ワーグナーの「トリスタンとイゾルデ」のあの波打つ無限旋律であって、それは「その最初の一音でレオナルド・ダ・ヴィンチのあらゆる妖しさから、その魔力を奪う」（『この人を見よ』）ものである。この音楽の海底（そこから処女作『悲劇の誕生』は生まれた）までは、ドイツの森の樵夫の斧のひびきはとどいていないようである。

——わたしは海が好きだ。海の性質《さが》を持つすべてが好きだ。かれらが怒り狂って、わたしに刃向《はむ》かってくるときなど、いよいよたまらない。

未知のものにむかって帆をあげる、あの探求のよろこびがわたしの中にある。わたしのよろこびの中には、航海者のよろこびがある。

わたしは歓喜して叫んだ。「岸が姿を消した。——いまわたしをつなぐ最後の鎖も落ちた——

——無辺際のものがわたしをめぐって怒号している。時間と空間が、大きくひろがって輝いている。しっかりしろ、わしの魂よ！」——（『ツァラトゥストラ』「七つの封印」）

海は荒れている。一切は海の中にある。さらば行くがいい。わが水夫《かこ》の魂よ！（同「新しい石の板と古い石の板」）

『ツァラトゥストラ』の中に出てくる海や波の比喩はおびただしいが、それらはつねに美しい。ニーチェのWille(意志)はWelle(波)と同一の種族の出であり、同じ秘密の共有者なのだ(『華やぐ知慧』三一〇参照)。

ニーチェは彼が期待する理想の読者像について『この人を見よ』の中でこう書いている。

完全な読者像を描くとき、いつも思われるのは、勇気と好奇心とのかたまりのような怪物だ。そして柔軟で、狡智にたけ、用心ぶかくもある、生まれながらの冒険者、発見者といった存在だ。結局私が誰に向かって語りたいのかといえば、それはツァラトゥストラがすでに語っている、それ以上のものではない。ツァラトゥストラは誰に向かって、その謎を語ろうとしたか。

(以下に引用されているのはツァラトゥストラがその永遠回帰のヴィジョンを語ってきかせる有名な「幻影と謎」の章の一部である。沈黙していたツァラトゥストラは航海者たちと暮して、二日目の夕方、「その舌は弛《ゆる》み、彼の心の氷は割れた」。)

――あなたがたは大胆な探求者だ。敢えて試みようとする人たちだ。帆をたくみにあやつって恐怖の海を乗りまわした人たちだ。

あなた方は謎にひかれる陶酔者だ、笛の音《ね》にさそわれて、どんな魔の淵へもはいっていく魂の持ちぬしだ。

それというのも、あなたがたは臆病な手つきでひとすじの糸をまさぐろうとしないからだ。ここぞと察知すれば、推論などにこだわっていないからだ……

ジェノヴァにあったニーチェは、おのれをコロンブスに擬して、詩をつくっている。

新しい海へ

かなたへ――と、己は意志した。
これからの恃《たの》みは、この己と、己の伎倆《うで》だけだ。
海は渺茫と青く
わがジェノヴァの船の舳《へさき》にひらけた。
万有が新しく、さらにまた新しくなる。
時間も空間もまどろんでいる正午《まひる》どき
ただおまえの眼だけがすさまじく
己を見つめる――無限よ!

ドゥルーズは『ニーチェと哲学』の中で、ニーチェとマラルメを結びつけている。その骰子《さいころ》の比喩とともに、海についてももっと語れたかもしれない。

ハイデガーはニーチェ形而上学の中から五つの基本語を選びだしている。「力への意志」「ニヒリズム」「等しきものの永遠回帰」「超人」「正義」である。この中で彼が最も重きを置くのは「力への意志」

だが、この点に関する私の疑問は、さきに一言した。この基本語に、私はさらに「ディオニュソス」を加えたい。ディオニュソスが音楽と陶酔に深い関係があるのはもちろんだが、ディオニュソスはまた海(そしてまた死)にも深いつながりがある。これに思い及ばないひとは、たとえば『ツァラトゥストラ』の「大いなるあこがれ」の章の後半を解くことができない。『ツァラトゥストラ』の中には各所にディオニュソスの姿が見え隠れしているので、注意ぶかい読者だけがそれに気づく。ニーチェのディオニュソスはまた船に乗って海を渡るディオニュソスである。永遠回帰の真理をつかんだツァラトゥストラの魂は、あまりにも大きな充実感のために、熟しきった葡萄の実が摘み手としてのナイフにあこがれるような、せつない苦悩をおぼえる。ツァラトゥストラはおのれの魂に向かって、高らかに歌うことによって、はけぐちを見いだせと言う。

――歌うのだ、ごうごうと鳴りとよもす歌で。ついにすべての海が鳴りをひそめ、おまえの歌に耳を澄ますようになるまで、――

――そして、ついには静かな、あこがれに満ちた海に、小舟が浮かびだす。それは金色の奇蹟だ。その金色をめぐって善きも悪しきもあらゆる奇妙なものどもが飛びはねる――

――多くの大小の生き物ども、身軽く奇妙な足をそなえて、紫色の潮路をすべることのできるものたち――

――かれらはみな金色の奇跡をめざして行く。それは自発的な意志の小舟であり、そこには主人《あるじ》が乗っている。主人は、ダイヤモンドのナイフを手にして待っている葡萄摘みだ。――

——おお、わたしの魂よ、かれはおまえの大いなる救済者だ。まだその名を持たぬ者だ。——未来の歌がはじめてかれの名を見いだすことになろう！　そしてまことに、おまえの呼吸にははやくも未来の歌のかんばしいいぶきが通う。

——はやくもおまえは燃えたち、夢みている。はやくもおまえは喉がかわいて、すべての深く、鳴りひびく慰めの泉から水を飲んでいる。はやくもおまえの憂鬱は、未来の歌の至福のなかに憩っている！——

一見とっつきにくい象徴的風景だが、この箇所を書いたニーチェの脳裡には文献学的な知識(たとえばホメロスのディオニュソス頌歌——「ディオニュソス神はナクソス島へ渡ろうとして、テュレーニア人の海賊船に乗った。彼らは神を奴隷に売ろうとして、アジアに急いだが、神は帆柱と櫂とを蛇に変え、船を葡萄と笛の音でみたし、彼らは狂って海中にのがれ、いるかとなった」(高津春繁『ギリシア・ローマ神話辞典』)だけではなく、あるいは現在ミュンヘンの国立古代博物館の蔵するギリシア人エクセキアス作の皿の絵があったのかもしれない(レーヴィットは『ニーチェの永遠回帰の哲学』の扉絵にそれを使っている。ケレニーの『ディオニュソス』第五一図参照。なおフィンク『ニーチェの哲学』第三章にこの箇所の解説がある)。いずれにせよ「まだその名を持たぬ者」の背後にディオニュソスがいると見なければならぬ。

海と波を越えて飛ぶ鳥も、しばしばニーチェにとって思想家の象徴であった。

思想家の交わり――。生成の大海原の真只中で、われわれ、冒険家で渡り鳥のわれわれは、小舟ほどの大きさの離れ島の上で目をさまし、しばしあたりを見まわす。できるかぎりすばやく、好奇心にみちて。なぜならいまにも風が起こって、われわれを吹きとばすか、あるいは波浪が小島を洗い去って、われわれの姿も消えてしまうかもしれないから！　しかし、ここ、このささやかな場所で、われわれは他の渡り鳥とめぐりあい、また以前の鳥たちについて話を聞く、――こうしてわれわれは楽しい羽《は》ばたきとさえずりを交《かわ》して、認識と推察の貴重な一瞬をすごし、こうして大海の上に、大海そのものにも劣らぬ誇りにみちて、精神の冒険の旅にのぼる。（『曙光』）

ハイデガーとニーチェとは、こうした小さな島の上で会話をかわした二羽の鳥であったかもしれない。そしてそれぞれの方向に飛び去っていった――

ツァラトゥストラが深山の洞窟に住んだことはたしかである。山頂の氷冷な大気を愛する者であることも否定できない。しかしツァラトゥストラの使命は、その洞窟を出て、下界へ「没落」することによってはじまる。またつぎのことも忘れてはなるまい。ツァラトゥストラにとって、山嶺は同時に深淵を意味していた。第三部の冒頭の「旅びと」は印象的な章である。「いまこそ、おまえはおまえの偉大をなしとげる道を行く。山頂と、深淵、それがいまはひとつのものとなった。」ツァラトゥストラの登攀は、道が絶え、登山用具が使えなくなったとき、「自分自身の頭を踏んで」よじのぼる。彼はおのれ自身を見おろすところまで行く。彼は山頂にあって「最高の山はどこから来たのか」とたずね、「それが海から生まれた」ことを、岩壁に刻まれた証拠でたしかめる。「いとも高いものはいとも深いものが高まって成ったものだ。」

ハイデガーは現有を「世界・内・有」と規定するが、その「世界」はツァラトゥストラにとっては、むしろ底知れぬ海、奇妙な深海魚の棲息する海と映じる。ハイデガーはヘルダーリンに示唆されて「方域」を想定し、「大地と天空、神的なものと死すべきもの」を挙げるが、海のイメージからは遠い(私はこの天空に鳥をとばせたい)。ツァラトゥストラは第四部の冒頭「蜜の供え物」で、新鮮な蜂蜜をたずさえて高山に登るが、彼の真意は蜂蜜をささげて供儀を行なうためではなく(――いったい誰に捧げるのだろう。ゾロアスター教の風習という解釈もあるが、一説のようにディオニュソスへの供儀と見るべきか)、むしろこの美味の餌によって、人間という奇妙な魚を釣ろうとするのである。「かって高山に登って、魚を釣ったものがいただろうか。」たしかに

世界は、けだものの住む暗い森だ。あらくれの猟師どもが勇み立つ狩り場だ。しかし、それよりむしろ底知れない豊かな大海だと考えるほうがわたしたちに向いている。

――それは色とりどりの魚や甲殻類にあふれた海だ。それを見ては、神々でさえも漁夫となって網を打ちたくなるような海だ。この世界は、それほど奇妙なもの、大きなもの、小さなものに富んでいる!

ことに人間の世界、人間の海はそうだ。――この海にむかって、いまわたしは黄金の釣針を垂れ、

そして言う、さあ開け！　人間の深海よ！
開け！　おまえの魚や妖しく光る甲殻類を惜しまずわたしに拋《ほう》りだしてくれ！　きょうは、わたしは極上の餌を使って、最も風変りな人間魚をおびきよせるのだ！

ここで、人間魚という表現から、私がたまたま思いあたったことを書いておきたい。ニーチェもハイデガーも実に多くの過去や同時代の哲学者や詩人などを取りあげて論じているが——さきの大海を飛ぶ小鳥の話題のごとく——、ことにハイデガーはレーヴィットも指摘するように解釈好きであり、古代ギリシアの哲人たち、プラトン、アリストテレス、アウグスティヌス、ドゥンス・スコトゥス、デカルト、カント、シェリング、ヘーゲル、また一面ではヘルダーリン、リルケ、トラークルといったぐあいにおびただしい哲学者や詩人とわたりあっているが、彼の眼光はそうした先覚のテクストの紙背に徹し、これをみごとに彼一流の「解釈」の俎上にのせて料理する。この板前の庖丁さばきはみごとだが、ニーチェの行き方とはあまりにも違う気がする。ニーチェはそのショーペンハウアー論の中で、「自分は哲学者というものを彼が一個の実例を与えるその能力に従って評価する」と書いている(カミュはこの句をその『シーシュポスの神話』の冒頭に引いている)。「教育者としてのショーペンハウアー」でニーチェはショーペンハウアーの形而上学にはほとんど触れず、その毅然とした生きざまに脱帽する。彼の教説はすでに時効にかかったが、その人間は不朽だという。ニーチェの場合は哲学者よりも哲人が眼目であって、これを自己と対決させ、これを踏み台にし、これを乗りこえることによって、「なんじ自身となれ」というピンダロスの句を成就しようとする。同じ『反時代的考察』の中で、自分は古代ギリシアについても、博識な学者ツェラーよりも、挿話に富んだディオゲネス・ラエルティオスを読むのが好きだというのは、ニーチェの関心が哲学者の教説を分析し、読解するよりも、その本人が自己の教説や思想をいかに生きたか、生かしたかということに重点があるからである。彼は生涯音楽家ワグナーを問題にし、愛し、憎んだのも、多くの友人から離れて孤独に陥ったのもそうした点に一つの鍵がある。「わたしがプラトン、パスカル、スピノザ、ゲーテについて語るとき、彼らの血がわたしの血管の中に流れているのを感じる」と言い、また「わたしの祖先はヘラクレイトス、エンペドクレス、スピノザ、ゲーテ」とも言う。ニーチェは永遠回帰の教説を体現し、血肉化しようとしたことで狂気に追いこまれたのである。言葉をかえれば、それが彼の狂気の内容となっているのである。彼はエトナの火口に身を投げて自然と一体化しようとしたエンペドクレスを想わせ、それに対して晩年のハイデガーはパルメニデスの「有」の原点にたちかえったようにも思われる(ニーチェの初期の天才的論稿「ギリシア人の悲劇時代における哲学」を参照)。ニーチェが最後の自画像に『この人を見よ』と題したのも、理論とともにそれを生きる人間があって、はじめて哲学が成立するという初心を失わなかったからである。

『この人を見よ』の中には、「わたしのツァラトゥストラをいくらかでも理解するためには、おそらく私と似たさだめを負うていかなければならない——片足を生の彼岸に置くという……」と書かれている。一時ニーチェの哲学は生の哲学と呼ばれたが、その生はたえず死に裏打ちされた生であった。漁夫ニーチェの小舟は、また冥府の川の渡し守カローンのあやつる「死の小舟」でもあった(少年期の詩作からすでにこの小舟は顔を出している)。すぐれた詩「奇《あや》しき小舟」あるいは「太陽は沈む」に出てくる小舟、『ツァラトゥストラ』の「古い石の板と新しい石の板」の中ではっきりと「死の小舟」と銘打たれているもの、それらはつながりがある。ハイデガーがその前期で、人間の現有を「不安」と「死への存在」として提起したとき、ひとは何よりもキルケゴールの影響を感得したが、影絵のようにニーチェの「死の小舟」が遠景を走っていたのである。『有と時』の中に『ツァラトゥストラ』の「自由な死」の一節があるのは恣意的な引用ではない。

『ツァラトゥストラ』の中でも最も美しい比喩として、私の忘れがたいのは「最も貧しい漁夫までが、黄金の櫂《かい》で漕ぐ」日没の海である。ツァラトゥストラは「死につつ、かれら(人間たち)に、わが最も豊かな贈り物をおくりたい」と願う。かれはこれを落日を見て学んだのだ。

太陽は、その無尽蔵の富を傾け、黄金を海にふりまく、——そのときは、最も貧しい漁夫までが、黄金の櫂で漕ぐことになる。わたしはかつて、この情景を眺めて、心打たれ、涙をとどめるすべを知らなかった。

落日のあと、蒼茫と暮れる海の上を、聖なる狂気の人を乗せた捨て小舟がひとつ漂っていく——永遠の回帰の世界へ……

岩上に坐した漁夫と樵夫の問答はなおつづいているようだ。かれらはテクノロジーの支配する現代を憂いているのか、古代ギリシアの及びがたい根源を懐かしんでいるのか、——潺々淙々と流れる川の音が、この塵外境の静寂をいっそう深めている。日はすでに午に近いけはいである。

編者あとがき

本書の著者氷上英廣氏は、和辻哲郎、立沢剛にはじまる我が国のニーチェ研究を継承し、長くその第一人者であられた。岩波文庫所収の『ツァラトゥストラはこう言った』の名訳はつとに有名である。すでに戦前からニーチェをよく読んでおられたが、当時の時流に乗ったニーチェ解釈に与することはまったくなく、むしろ、ヨーロッパというキリスト教文化のなかで道徳の問題を徹底的に問いつめた存在としてのニーチェを中心に物を考えておられた。戦後に『曙光』を訳された頃から本格的な研究に取り組まれ、きわめて多面的で含蓄のある著書、そして論文をいくつも世に送りだされた。そうしたお仕事は、ハイデガーやキルケゴールの影響下に実存主義的なニーチェ理解を十分に消化しながらも、それにつきることなく、テクストに透徹した読みを入れることによって独自の視点を出されている。また、特に晩年のお仕事には東西思想を自由に遊戈しながら、講壇哲学の用語に翻訳して事足れりとする乱暴なニーチェ研究では見えてこないさまざまな側面を照射した名文が多い。また、作家中島敦の親友であられたことから、彼の著作の解説や紹介の文章も多い。内村鑑三全集(岩波書店)の編集にも参加されている。

氷上英廣氏は、第一高等学校、東京大学教養学部、武蔵大学人文学部で長いこと教壇に立たれていたが、それも一九八二年三月には引かれ、その後は研究に専念されるなかから一層充実したお仕事が待ち望まれていた矢先の一九八六年九月一六日、突然帰らぬ人となられた(岩波書店からニーチェにおける笑いをテーマにした本の出版も約束しておられたのだが）。我が国のニーチェ研究のみならず、広くドイツ文学、文化の理解にかかわる者たちにとっては、補いようのない喪失である。氷上英廣氏の単行本の著書は岩波新書を除けば、昭和二〇年代のもので古書店でも容易には手に入らなくなっている。また、論文は現在では刊行されていない雑誌のものも含めて、さまざまな機会に発表されており、お仕事の全貌を捉えるのがなかなか難しくなっている。こうした事情に鑑みて、生前の氷上英廣氏のお仕事に接する機会の比較的多かった亀井俊介、杉田弘子、麻生建、三島憲一の四人が中心になり、氏の論文のなかで比較的多くの読者を見出すであろうものを編集し、近刊の『ニーチェとの対話』とともに二巻のニーチェ研究として刊行する次第である（ただし、直接にニーチェに関わるものでなくても内容的にきわめて魅力に富むゆえに収録したものもある）。集められたお仕事は氏が生涯に書かれたものの三分の一にも満たないが、それは諸般の事情でやむをえないこととして、読者諸兄のご賢察が得られれば幸いである。また、論文のなかにはかなり以前のもので、現代の思考から見れば内容的には多少とも違和感を伴うものもあるが、それ自身が我が国の知識人の西洋研究の、そして特にニーチェへの接し方の変化を示す貴重な証言でもあるので、こうしたかたちで残すべきものと考えた。

編集にあたっては、字句の選択、言葉使いに関しても、人名や地名の表記に関しても明らかな間違いや誤植は訂正し、またあまりにも現代の慣用からかけ離れている場合にも多少の修正を行った。また長い引用については、改行二字下げのかたちに変更した。それ以外はできるだけオリジナルの表現を漢字の選択に至るまで残してある。そのために多少の読みにくさもとくに若い読者層にはあるかもしれない。

またそれゆえに、一巻のなかでの統一がとれていないところも多い。あわせて読者のご賢察とご寛容を願うものである。

最後に本巻に収められた論文の初出を記しておく。

『ツァラトゥストラ』の根本問題　氷上英廣編著『ニーチェ研究』社会思想研究会出版部、昭和二七年八月

ET IN ARCADIA EGO ニーチェにおける英雄的・牧歌的風景　『ドイツ文学における伝統と革新――手塚富雄教授還暦記念論文集』筑摩書房、昭和四〇年三月

アスポデロスの咲く野 ニーチェの遺産　雑誌『ユリイカ』青土社、昭和四四年八月

ニーチェにおける脱ヨーロッパの思想　『ニーチェの顔』岩波新書、昭和五一年一月

ニーチェとキリスト教的人間　雑誌『基督教文化』二三号、新教出版社、昭和二三年三月

パスカルとニーチェ　雑誌『仏蘭西文学研究I』「モラリスト研究」玄理社、一九四八年

ニーチェにおけるヘーゲル像　雑誌『理想』理想社、昭和四五年一〇月

ニーチェとエピクロス　雑誌『現代思想』青土社、昭和四九年一二月

イスカの喉もと　『ニーチェの顔』

哲学という「嘆きの壁」危機的状況をめぐって　岩波講座『文学』第一一巻、『現代世界の文学1』昭和五一年一一月

漁樵問答　ニーチェとハイデガー　　雑誌『現代思想』「総特集ハイデガー」青土社、昭和五四年九月

昭和六三年一〇月

三島憲一

■岩波オンデマンドブックス■

ニーチェとその時代

1988年11月28日　第1刷発行
2001年 9 月25日　第3刷発行
2014年 8 月 8 日　オンデマンド版発行

著　者　氷《ひ》上《かみ》英《ひで》廣《ひろ》

発行者　岡本　厚

発行所　株式会社　岩波書店
〒101-8002 東京都千代田区一ツ橋 2-5-5
電話案内 03-5210-4000
http://www.iwanami.co.jp/

印刷／製本・法令印刷